AF451949

MÉMOIRE

SUR LA VIE DE

FRANÇOIS

CHAUVEAU

PEINTRE ET GRAVEUR

ET DE SES FILS

Évrard CHAUVEAU, PEINTRE

ET

René CHAUVEAU, SCULPTEUR

PAR

JEAN MICHEL PAPILLON

1738

PARIS
M. DCCC. LIIII.

Réimprimé par les soins de MM.
THOMAS ARNAULDET, PAUL CHÉRON, ANATOLE DE MONTAIGLON.
Tiré à cent vingt-cinq exemplaires.

3517. — PARIS. IMP. GUIRAUDET ET JOUAUST,
338, rue Saint-Honoré.

Le *Traité historique et pratique de la gravure en bois*, publié en 1766 par Papillon, ce livre bizarre et désordonné, aussi rempli d'erreurs que de faits curieux, est bien connu de tous ceux qui s'intéressent à l'histoire des arts. Les amateurs de préfaces avoient bien remarqué les passages de celle de ce livre (pages x et xv), où il est parlé d'un commencement d'impression fait en 1736 et 1738, sacrifié ensuite, et refondu vingt ans plus tard dans l'ouvrage in-8°; mais on n'avoit pas accordé assez d'attention à cette note de Papillon : « Ce volume in-12, et qui » n'a point paru, est à la Bibliothèque du Roi : l'on pourra y voir » un supplément que je donnois à la vie de François Chauveau, » graveur, par Perrault, dans lequel est celle de ses fils, peintres et » sculpteurs, et qui étoit d'autant plus curieuse, qu'ayant épousé une » de ses petites-filles, ce que j'en rapportois avoit été donné et tiré » fidellement des mémoires de cette famille. On y trouvera aussi » quelques faits de la vie de feu mon père, trop détaillés pour les » avoir pu mettre que fort succinctement dans cette nouvelle édi- » tion, et plusieurs autres choses que j'ai pareillement corrigées ou » supprimées. » Les deux grands articles sur François et sur René Chauveau, qui se trouvent dans le Moreri de 1759 (III, p. 586-88) et d'où sont extraits les articles de l'abbé de Fontenay dans son *Dictionnaire des artistes*, et de Ponce dans la *Biographie universelle*, nous avoient encore donné plus d'envie de voir ce livre de Papillon, indiqué par eux comme leur source : car, les trouvant si abondants et si pleins de faits nouveaux, il étoit permis de supposer que leur original devoit être encore plus riche. Nous l'avons donc demandé à la Bibliothèque du roi, et nous l'y avons trouvé, non pas au cabinet des estampes, où sont les manuscrits de Papillon, mais dans le département des imprimés, où il est coté V 2654 c. 7. C'est un in-12, sans feuillet de titre, de 400 p., signées de A à Ll, finissant par quatre feuillets d'une table inachevée des matières; il est relié en maroquin rouge plein, aux armes royales, et porte, sur ses premiers feuillets de garde, ces trois notes, de la main de Papillon, que nous transcrivons ici :

« Ce volume, commencé en 1734 et continué jusqu'en 1738 sans » être achevé, a été refondu, corrigé et augmenté de presque au- » tant d'additions qu'il y a de matière, sans avoir été donné au pu- » blic, dans l'impression actuelle que je fais faire cette année 1762 » de ce *Traité historique et pratique de la gravure en bois*, de for- » me in-8°, avec quantité de fleurons et des plus beaux ouvrages » que j'aie faits depuis 1712. »

» Dans le même volume icy page 299 est un Mémoire de la vie » de François Chauveau, pour servir de supplément à celle écrite » par M. Perrault dans ses *Vies des hommes illustres*, où l'on trou-

b.

» vera celles de ses fils, lequel Mémoire sera supprimé dans l'édi-
» tion in-8° que je fais faire. »

» Il faut avoir pour agréable d'indiquer dans le catalogue de la Bi-
» bliothèque, à la vie des artistes, le mémoire, page 299 [à 357] de
» ce volume de la gravure en bois, qui contient un curieux supplé-
» ment à la vie de François Chauveau, peintre et graveur, avec
» celles de ses fils, où l'on trouvera des faits inconnus touchant ces
» artistes et les roys de Suède Charles XI et Charles XII. »

En présence de la rareté évidente du volume, car les exemplaires
que Papillon a pu donner de ses bonnes feuilles (v. sa préf., p. xv)
doivent avoir disparu depuis long-temps; en face surtout de l'intérêt
de la notice sur les Chauveau, où tout est de première main, il étoit
évidemment nécessaire de réimprimer celle-ci, et c'est ce que nous
faisons aujourd'hui, en nous permettant seulement de nous dis-
penser des italiques, dont Papillon est vraiment par trop libéral.
Nous avons nécessairement profité des notes manuscrites écrites par
Papillon sur les marges de son exemplaire, et nous avons ajouté un
certain nombre de nouvelles notes, explicatives ou complémentaires,
dont quelques unes sont prises dans un dossier généalogique des
Chauveau, qui est conservé au cabinet des titres à la Bibliothèque
impériale, et nous a été communiqué par M. Lacabane. Enfin, et
ce ne sera pas la moins bonne annotation que nous puissions faire,
nous publions en appendice les actes officiels de l'état civil relatifs
à la famille des Chauveau, et extraits par nous des registres de
l'Hôtel-de-Ville, dans lesquels nos recherches ont été facilitées et di-
rigées par les personnes attachées à ce service avec une complai-
sance que nous ne saurions trop reconnoître.

Un moment il nous auroit été utile de consulter un cahier sur les
Chauveau, dont nous connaissons l'existence à l'Ecole des beaux-
arts par le livre de M. Dussieux (Artistes français à l'étranger, 1852,
in-12, p. 142). Nous aurions voulu nous assurer si cette note sur
François Chauveau et ses fils, qui peut bien avoir été communiquée par Papillon lui-même, ou avoir été prise à son ouvrage in-12,
étoit une œuvre différente, et donnoit ou non sur la mort de René
Chauveau une version analogue à celle de l'article de Moreri, qui
disoit tout tenir de l'article de Papillon, et s'en écartoit sensiblement
sur ce point. Heureusement, dans des additions de Papillon à son
traité définitif, conservées en manuscrit au Cabinet des estampes,
tous nos doutes ont été levés par la note suivante : « Page xvi,
» à la dernière ligne de la première notte, après le mot *supprimés*,
» ajouté : Dans la dernière édition de Moreri, en 1759, au tome III,
» l'on trouvera deux amples articles de François Chauveau et de ses
» fils, à leur rang, que j'ay donné, de même que celuy de mon père
» Jean Papillon dans la lettre P du tome VIII. » Avec cette certi-
tude, nous n'avions plus affaire du cahier de l'Ecole des beaux-arts,
qui ne doit rien ajouter au travail de Papillon.

MÉMOIRE

POUR SERVIR DE SUPPLÉMENT A LA VIE DE

FRANÇOIS CHAUVEAU, PEINTRE ET GRAVEUR,

Écrite par M. PERRAULT, dans ses Vies des hommes illustres, etc.

AVEC CELLES DE SES FILS

EVRARD CHAUVEAU, PEINTRE

ET RENÉ CHAUVEAU, ARCHITECTE ET SCULPTEUR

du Roy de France, de Charles XI et de Charles XII, roys de Suède.

En faisant mention des artistes qui ont exercé la gravure en bois, on n'a presque point parlé des graveurs en cuivre, ni de ceux qui n'ont point fait leur principale occupation de notre gravure, ou qui n'en ont fait que quelques essais, parcequ'on n'a pas voulu s'écarter du sujet principal de cette histoire ; mais le célèbre Chauveau, dont M. Perrault a trop succinctement écrit la vie, a mérité avec tant de justice l'estime du public, qu'on a cru lui plaire en lui donnant ici cette vie d'une manière plus propre à satisfaire sa curiosité. Au reste, on tient tout ce qu'on en a écrit des mémoires et titres recueillis dans le sein de sa famille, et des armoriaux et mémoires de MM. Clairambaut et Chevillard, généalogistes.

La maison de Chauveau est ancienne et originaire de Bourgogne ; quelques anciens titres, qui sont perdus, empêchent de remonter plus haut que Hugues Chauveau, écuyer; seigneur de...., lequel épousa (N) Cocqel, environ l'an 1470, dont il eut Jean, qui suit, Hugues et Marie Chauveau.

Jean Chauveau, avocat en parlement en 1500, seigneur de....., épousa (N) Le Coq [1], demoiselle de Louveriennes, dont il eut Hugues, Étienne,

---

1. La gén. ms. l'appelle Gillette Le Cocq, et lui donne pour enfants : 1° Jean Chauveau, avocat au parlement, marié à Anne de Troyes, dont il eut Germain, mort sans

ou Honoré Chauveau, secrétaire du duc d'Anjou et d'Alençon en 1576[1], et Julien, procureur en parlement en 1533 et 1573[2], lequel épousa Jeanne des Galarts.

Hugues Chauveau, fils aîné de Jean, écuyer, seigneur de Louveriennes, etc., avocat au Châtelet en 1537, épousa : 1° Louise ou Marie d'Arras ; 2° Huguette Fusée ; 3°....., dont il eut, entre autres enfants, Charles, procureur du roy à Moulins ; Marie, femme en premières noces de Silvain de Montholon, et en secondes noces de Martin Akakia, conseiller et premier médecin du roi Henri II[3] ; Germain et Hardouin, procureurs en parlement en 1572 et 1585, etc. ; et (N) Chauveau, conseiller en la même cour, seigneur de...., tué au massacre de la Saint-Barthélemy, à cause qu'il faisoit profession de la religion prétendue réformée. Il fut caché dans un coffre ; mais malheureusement celui qui le portoit roula du haut des degrés du Palais jusqu'en bas, le coffre s'ouvrit, et la populace en fureur assomma le conseiller[4].

Lubin Chauveau, neveu de ce dernier, écuyer, seigneur de.....[5], secrétaire de la chambre du roi Henri IV, trésorier et payeur de la gendarmerie françoise, portoit dans ses armes, comme ses ancêtres, d'azur à deux coutelas d'argent garnis d'or en sautoir, au chef cousu de gueules, chargé de trois étoiles d'argent. Il se disoit cousin d'un jeune seigneur, du sang des comtes de Frise orientale, nommé Ennon de Emda ou Emden, élu gou-

---

enfants, et Honoré Chauveau, époux de Marie Moreau, dont sortit Nicolas Chauveau ; 2° Hugues Chauveau, marié à Louise d'Arras ; et 3° Marie Chauveau, mariée à Estienne Migot, conseiller au Châtelet. Gillette Le Cocq, dit une autre note, étoit fille de Girard Le Cocq, seigneur d'Egrenay, conseiller en la cour des aides, et de Marguerite Culdoë. (Ed.)

1. Dans l'état des officiers du duc d'Alençon, daté du 5 avril 1576, qui a été inséré dans les Mémoires de Nevers, publiés par Gomberville, Paris, 1665, 2 vol. in-fol., nous trouvons, I, 598, Estienne Chauveau parmi les secrétaires ordinaires, avec des gages de cinquante livres. (Ed.)

2. Des notes séparées du dossier lui donnent pour fils Michel Chauveau, avocat, puis curé de Saint-Gervais. Cf. sur lui la pièce du 12 novembre 1588, publiée par Félibien (*Hist. de Paris*, Preuves, III, 448, col. 2ᶜ) ; il y est appelé Pierre. Ces notes donnent encore à Julien pour fils Guy Chauveau, lieutenant-général au bailliage et siége présidial de Meaux en 1595, puis lieutenant criminel au bailliage de Melun en 1606, et l'appellent seigneur de Villetaneuse. (Ed.)

3. Né à Châlons-sur-Marne, lecteur au Collége de France, et mort en 1551. Le fils d'Akakia et de Marie Chauveau, né en 1539, portoit le même nom que son père, et fut médecin comme lui. (Cf. Biog. Didot, I, col. 474.) (Ed.)

4. Nous ne serions pas éloignés de reconnoître ce Chauveau dans le Sébastien Chauveau, clerc du greffe criminel du parlement, qui, dans la profession de foi catholique faite par les officiers du parlement les 9 et 10 juin 1562, est rangé parmi les absents, et indiqué comme prisonnier ; son incarcération s'expliqueroit très bien par la foi religieuse que nous lui connaissons par Papillon ; Félibien, *Hist. de Paris*, Preuves, II, 805, col. 1ʳᵉ. (Ed.)

5. Louveriennes, dit une note du dossier de la Bibliothèque. (Ed.)

verneur de la ville de ce nom, mort à Paris le 18 juillet 1545, âgé de 23 ans.
On voit son tombeau [1] au cimetière de la paroisse Saint-Séverin, sur le-
quel il y a des inscriptions, rapportées dans les Antiquités de Paris par
Sauval, liv. IV, p. 415 et 416.

Lubin Chauveau avoit épousé Marguerite de Fleurs, parente de Nicolas Pagevin, seigneur de l'Isle-Louviers, trésorier général de la maison du
duc d'Anjou et d'Alençon, frère d'Henri III [2]. Elle étoit aussi alliée à Pierre
Foret, écuyer, sieur de la Porte [3], et à plusieurs bonnes maisons. La dé-
pense que faisoit Lubin Chauveau, ses charges et emplois, et sa passion
pour le jeu, attiroient chez lui quantité de noblesse et de beau monde.
Mais, en 1628, un coup de dez renversa sa fortune et ses espérances ; il
perdit sa maison rue Saint-Antoine [4], ses terres, charges et équipages.
Dès le lendemain, il fut contraint de renvoyer ses domestiques et de con-
gédier les précepteurs de ses enfants. Enfin, après beaucoup d'infortunes,
il mourut l'an 1632 ou 1633, chez un de ses frères, curé à la campagne,
laissant sa veuve chargée de dettes, de procès et de deux enfants. L'aîné,
nommé Jean-Baptiste Chauveau, par la suite habile ingénieur et mathé-
maticien, étoit né à Paris, le 18 juin 1610, et baptisé à Saint-Paul ; il fut
assassiné, au lieu d'un autre, l'an 1670 [5]. Un de ses fils étoit professeur de
mathématiques à Indrette en 1687.

François Chauveau, son frère cadet, est celui dont on donne la vie. Il
naquit à Paris, le 10 mai 1613, et fut aussi baptisé à Saint-Paul. Son père
lui fit faire ses études, de même qu'à son frère aîné ; il leur faisoit aussi
montrer la musique, les mathématiques, et à apprendre à dessiner et à
peindre sous M. de La Hire, habile peintre [6], dans l'intention de leur ouvrir l'esprit pour les sciences et les arts, et leur procurer un amusement

1. Celui de cet Ennon de Emda, et non de Lubin Chauveau. (Ed.)

2. Dans la liste déjà citée des officiers du duc d'Alençon, on trouve (p. 598) Nicolas Pagevin comme maître de la chambre aux deniers, avec six cents livres de gages. (Ed.)

3. Par Catherine Pagevin, qu'une note du dossier dit être restée veuve de ce Pierre
Foret. (Ed.)

4. Il avoit acheté cette maison de Gallet, fameux joueur de dés, dont il est parlé dans
les satires de Régnier ; elle s'appeloit l'Hôtel de Sully, à cause d'une enseigne de ce
nom qui y pendoit ; ce qui a donné lieu de croire, pendant long-temps, que Gallet
avoit fait bâtir l'Hôtel de Sully, dont elle étoit proche, et que Lubin Chauveau l'avoit
perdu au jeu. (P.) — Piganiol, éd. de 1765, V, 37, avoit déjà remarqué que ce n'est
pas l'Hôtel Sully qui fut perdu au jeu, mais une maison voisine et ayant le même
nom. (Ed.)

5. Ce doit être lui, et non François, qui, dans les commencements de l'Académie,
lui avoit prêté son concours, à ce que nous apprend l'auteur des *Mémoires sur l'Académie de peinture*, récemment publiés par l'un de nous (Paris, P. Jannet, 1853, in-16,
I, 57) : « Vers ce même temps, M. Chauveau, fort bon géomètre, s'offrit de son côté
» à enseigner dans nos mêmes écoles les principes de la géométrie. Il s'acquitta de ce
» soin durant assez de temps avec beaucoup d'ordre, de clarté et de succès. » (Ed.)

6. Cf. *Mémoires inédits sur la vie des membres de l'ancienne Académie de peinture*, 1854, in-8°, I, 113. (Ed.)

agréable, quand il fallut penser autrement, à cause du dérangement de sa fortune; car ses créanciers, ayant saisi ce qui pouvoit lui être resté de sa déroute, ne laissèrent aucune ressource à ses enfants. Il est bien vrai qu'une sœur de Lubin Chauveau, veuve de (N) Pagevin, se retira en pension au couvent de la Raquette [1], faubourg Saint-Antoine, dans l'intention, n'ayant point d'enfants, de laisser son bien à ses neveux. On ne pouvoit pas faire de fond sur cette attente, et l'événement fit connoître qu'on avoit eu raison de ne pas trop se reposer là-dessus, car elle laissa le tout aux religieuses, et les jeunes Chauveau furent obligés de chercher à subsister par leurs talents. Jean Chauveau enseigna les fortifications, et François Chauveau fit de si grands progrès dans le dessein et dans la peinture, qu'il commença à produire ses ouvrages avant l'âge de seize ans. Il essaya en ce temps-là à graver en bois [2], mais il abandonna cette gravure pour celle au burin sur le cuivre ; on voit quelqu'unes de ses premières gravures d'après les dessins de son maître.

Sa réputation s'établissant de jour en jour, il s'adonna à composer et à dessiner des sujets pour ceux dont l'imagination étoit bornée ; ce qui apparemment l'engagea de graver à l'eau-forte, parceque la lenteur du burin ne convenoit pas à la vivacité de son génie et à tous les ouvrages qu'il entreprenoit. Il fit sa principale occupation de cette gravure, car quelquefois il peignoit pour son plaisir.

MM. Gombaut, Chapelain, Giry, Habert, et autres amis du père de François Chauveau, et les seuls qui avoient continué à le voir, malgré ses infortunes, s'attachèrent encore plus particulièrement à son fils qu'à lui ; dès l'an 1629, ils s'assembloient souvent dans son logis pour converser familièrement sur toutes sortes de matières. Monsieur Chauveau, d'un esprit solide et agréable, fournissoit beaucoup à ces conversations, qui se tenoient tantôt chez lui [3], tantôt chez les autres, et donnèrent lieu, par la suite, à l'établissement de l'Académie françoise. Aussi remarque-t-on,

1. « La rue de la Roquette, que le peuple appelle la rue de la Raquette. » (Pig., V, 106.) (Ed.)

2. « Le fameux Chauveau, graveur en cuivre, que mon père a vu souvent venir chez » Noel Cochin, son maître, qu'il faisoit graver de petites batailles, a fait pareillement » quelques morceaux de notre gravure, entre autres des vignettes in-4°, dont une avec » une Victoire au milieu de plusieurs rinceaux d'ornements de son dessin, que mon » père m'a assuré avoir eue entre les mains, et y avoir vu son nom tout entier de cette » façon : F. Chauveau del. et sculp. Cependant, comme ce n'étoient que des essais, et » qu'il n'a pas continué de graver en bois, personne avant moi n'a fait mention qu'il » ait gravé de cette manière. » (Papillon, *Hist. de la grav. en bois*, éd de 1766, I, 299-300.) (Ed.)

3. Il demeuroit alors rue Neuve-Sainte-Geneviève, au coin de la rue Pot-de-Fer. (P.) — Nous n'avons trouvé, dans les histoires de la fondation de l'Académie, aucune trace de ces réunions chez Chauveau, ce qui est très simple : car, dans ces premiers temps, où ces assemblées étoient toutes personnelles, elles devoient avoir lieu chez les uns et chez les autres, et l'on n'a plus tard consacré le souvenir que des réunions tenues chez ceux qui ont fait partie de l'Académie. (Ed.)

dans toutes les pièces de la composition de M. Chauveau, quel étoit son goût pour l'histoire et pour la fable, ayant toujours représenté l'une et l'autre avec un jugement et une entente qu'il ne pouvoit avoir acquis que dans l'étude des belles-lettres. Il joignit à ses lumières une probité si parfaite et des manières si engageantes, qu'il s'acquit bientôt d'illustres amis, du nombre desquels furent MM. Scarron, Scudéri [1], Bensérade, Santeuil, Samson, etc. C'est pour cela que presque tous les cartouches des cartes de ce dernier ont été dessinés et gravés de sa main.

C'est ainsi que les vertus et les talents de M. Chauveau sembloient le venger des injures de la fortune, et le mettre en état d'être heureux de son propre fonds, quand cette innocente et solide félicité fut troublée par une passion trop vive qu'il ressentit pour une très belle personne, fille d'un peintre sur verre. Non seulement il aima Marguerite Roger (c'est le nom de cette belle), mais il l'épousa, vers l'an 1650, contre l'avis de ses proches, qui vouloient lui trouver un parti d'une naissance plus relevée. La chose faite, il tenta toutes sortes de moyens pour apaiser leur colère. Il crut pouvoir y parvenir en les visitant avec sa femme chacun en particulier ; il avoit lieu d'espérer que sa beauté lui serviroit d'excuse. Néanmoins cette démarche ne servit de rien ; ils lui tournèrent tous le dos, et ne voulurent pas même le recevoir. M. Chauveau, piqué de cet affront, quelques jours après coupa de dépit tous les portraits de famille qui ornoient son appartement, et depuis il l'oublia tellement que l'on ignore même le nom de plusieurs maisons de condition auxquelles il étoit allié.

Se voyant donc obligé de se faire un nom dans le monde par son propre mérite, il s'attacha encore davantage à exceller dans les arts qu'il professoit. Son application le fit réussir, et l'on peut dire qu'il s'est élevé, par son génie, sur les débris de la fortune de son père et sur l'oubli de la noblesse de ses ancêtres. Cela est représenté allégoriquement dans le frontispice de ce mémoire, de la manière suivante :

Le buste de François Chauveau est placé à la cime d'un rocher, sur un tas de livres et de desseins, et la Vertu est à côté, sous la figure d'un jeune génie qui montre du doigt les armes de la famille, renversées et à moitié dévorées par un monstre représentant l'Envie, ou la Fureur du jeu. Des cartes, un cornet et des dez, une bourse à jetons et des livres de musique, culbutés au pied du rocher, désignent la décadence de cette maison, et que François Chauveau s'est élevé, par son art, sur les débris de sa noblesse et de sa fortune.

Ce sujet est de la composition et du dessein de René Chauveau, fils de notre illustre graveur. Il le fit dans l'intention de le sculpter en marbre, pour laisser à la postérité un monument glorieux à la mémoire de celui

---

1. Dans la première partie, la seule publiée, du cabinet de M. de Scudéry, 1646, in-4°, dont Chauveau a gravé le frontispice, on trouve, p. 208-211, une pièce intitulée: « Le portraict du menuisier de Nevers de la main de Chauveau. » (Éd.)

qui lui avoit donné le jour. Sa mort ayant empêché l'exécution de ce projet, on l'a gravé, afin que le public n'en soit pas privé[1].

L'Académie royale de peinture et de sculpture, qui avoit été assez négligée pendant quelques années, reprenant de nouvelles forces sous la protection du cardinal Mazarin, et ayant obtenu l'arrêt du conseil de 1648, qui défend aux maîtres peintres et sculpteurs de troubler les académiciens dans l'exercice de leurs arts, elle dressa des statuts et élut des officiers. Quelque temps après, les habiles peintres et sculpteurs de cette Académie, qui étoient tous amis de François Chauveau, et qui connaissoient la beauté et toute l'étendue de ses talents, lui offrirent de le nommer professeur à la première occasion; mais, comme cet habile homme vouloit toujours se conserver la liberté de vaquer commodément à ses occupations, il les remercia de la bonne volonté qu'ils lui témoignèrent. Cependant, à leurs instances, il accepta l'honneur d'être de leur société. Il fut donc reçu académicien et élu conseiller de la première classe le 14 avril 1663[2]. On ne comprend pas bien comment M. Perrault, qui étoit grand ami de notre graveur, a pu oublier d'écrire, dans sa vie, qu'il étoit académicien, et qu'il se soit aussi trompé à la date de sa mort[3]. L'éloge qu'il fait de ce savant artiste est très judicieux, mais il auroit pu être moins succinct. M. Chauveau lui dédia quelques uns de ses ouvrages, entre autres, en 1672, des sujets marins en forme de grandes vignettes. Il a aussi dédié à M. Le Brun, premier peintre du roi, quelques autres sujets ou projets représentant des batailles. Ils sont de l'année 1671.

En 1664, il commença à graver, par ordre du roi, toute la suite du car rousel que ce monarque avoit représenté avec les seigneurs de sa cour en 1662. On ne peut trop y admirer la variété dans les attitudes des figures, et l'air animé des chevaux. La gravure est pleine de feu et d'esprit; les planches sont à la Bibliothèque du Roy[4]. Cet ouvrage parut en 1670; il procura à M. Chauveau un applaudissement général, une gratification considérable, le brevet de graveur ordinaire du Roy, et une pension de 600 livres, qui lui a toujours été payée, jusqu'à sa mort, par les soins de M. Perrault, dont on vient de parler.

Le public, charmé de plus en plus des productions de M. Chauveau, le surchargeoit d'ouvrages et lui laissoit à peine le temps de se reposer. Par cette raison, on ne doit pas être étonné de ce que son œuvre n'a pu être encore entièrement rassemblé, car on en découvre tous les jours quelques pièces auparavant inconnues, ce qui est une preuve du labeur extraordinaire de cet illustre artiste, lequel, chargé de sa mère et d'une nom-

---

1. Il ne l'a pas été. (Note manuscrite.)

2. Cette date est conforme à celle de la liste des réceptions donnée dans les *Archives de l'art français*, I, 362, d'après les registres de l'Académie et la liste de M. Hultz. (Ed.)

3. Perrault et Félibien (*Entretiens*, éd. in-4°, II, 586-8) le disent mort en 1674 et 1675, au lieu de 1676. (Ed.)

4. Maintenant à la Chalcographie du Louvre, n°s 2774-860 du nouveau livret in-4°. (Ed.)

breuse famille qu'il soutenoit avec honneur, ne se donnoit point de relâche
et travailloit même après son souper. Il avoit habitude de se faire lire
par ses enfants les histoires ou romans dont il falloit qu'il fît des vignettes
ou sujets. Après avoir choisi le sujet principal, il ne faisoit simplement
que croquer son idée au premier coup sur une ardoise ou sur le papier,
avec la plume ou le crayon, et se servoit de cette esquisse, où le feu de
son imagination suppléoit au reste ; il gravoit sa planche et la mettoit en
état d'être mordue par l'eau-forte pendant qu'il s'occupoit à dessiner ou
graver autre chose. C'étoit sa coutume de faire une planche après son souper ; celles des romans de Cirus et Pharamond, de Cléopâtre en 1648, de
Clélie, Scipion, Almahide, des Fables de La Fontaine, et des Métamorphoses en rondeaux de Benserade, et plusieurs autres des plus belles
qu'il ait gravées, telles que celles de Saint-Louis, les vignettes et les fleurons de la Bible de Sacy, et les planches des sujets allégoriques du livre
intitulé *les Délices de l'Esprit*, ont été faites de la façon que l'on vient de
dire ; et, pour exciter ses enfants à se pousser dans le dessein, il leur faisoit composer à leur fantaisie les mêmes sujets qu'il alloit graver ; celui
qui réussissoit le mieux ne manquoit pas d'être récompensé et de recevoir
beaucoup de louanges [1].

Environ 1669, la femme de M. Chauveau ayant été mordue à la jambe
par un chien, elle n'y fit pas d'attention sur l'heure. Cependant, trois ou
quatre jours après, il survint à la plaie une grande inflamation, et les
chirurgiens ignorants s'imaginèrent que le chien qui l'avoit mordue étoit
malade ; et, sans consulter davantage, ne parlèrent pas moins que de lui

---

1. Il s'amusoit assez volontiers de leurs divertissements. Un jour, ses enfants ayant vu
courir de jeunes ânons dans les fossés de Saint-Victor, vis-à-vis leur maison (elle appartenoit à M. Le Brun, premier peintre du roi) , ils coururent après en jouant, et se
mirent en tête d'en acheter un, qu'ils eurent pour très peu de chose. Cette jeunesse,
ravie d'avoir fait cette acquisition, foltra avec pendant toute la journée. Sur le soir,
M. Santeuil ou Santeul venant voir M. Chauveau, les enfants lui firent voir à leur nom
l'obligèrent même à se mettre dessus ; et, comme il étoit souvent enfant lui-même, il
s'amusa à badiner avec eux. Pendant quelques jours il ne fut question que de cet animal. M. Santeuil, qui venoit passer la meilleure partie du temps chez M. Chauveau,
importuné comme lui du bruit que ces enfants faisoient en jouant avec leur ânon, leur
conseilla de l'envoyer dans le pré de l'abbaye Saint-Victor, où, leur dit-il, en peu de
temps il deviendroit gros et gras. Ils le crurent ; mais depuis ils ne purent ravoir leur
ânon, malgré tout le tintamarre qu'ils purent faire. Pendant plus d'un mois, lorsqu'ils
voyoient M. Santeuil, ils l'entouroient, au nombre de huit ou neuf, en lui criant de
toute leur force : M. Santeuil, rendez-nous notre âne. Ils ne purent tirer d'autre raison de lui, sinon que, l'âne ayant mangé pendant long-temps l'herbe du pré de l'abbaye, il lui appartenoit de droit. C'est ainsi que ces graves religieux se rendirent maîtres de l'animal qui appartenoit à cette petite jeunesse. Aventure qui divertit beaucoup
M. Chauveau, sa famille et M. Santeuil, qui, comme on a dit, y passoit souvent les
journées. (Pap.) — Le Santoliana ne dit rien de cette jolie aventure. Quant à la maison de Le Brun, rue des Fossés-Saint-Victor, elle a plus tard appartenu à son neveu ;
elle étoit bâtie avec beaucoup d'art et de goût. (Piganiol. V, 208) (Éd.)

couper la jambe, afin, disoient-ils, d'arrêter le progrès du mal, et d'empêcher qu'il ne corrompît la masse du sang. Toute la maison étoit au désespoir, et M. Chauveau ne pouvoit se résoudre de consentir à cette opération. Heureusement que deux de ses parentes, de grande condition, en pension au Val-de-Grâce [1], avoient fait partie, ce jour-là, de venir les voir; elles furent très surprises de l'accident qui étoit arrivé, et encore plus de la précipitation des chirurgiens. A force de raisonnements, elles furent cause qu'on ne fit point l'opération. Ayant gagné cet article, elles firent mettre sur la plaie simplement une compresse d'eau de la reine de Hongrie (cette eau étoit nouvellement en vogue), et, au bout de deux jours, la malade fut parfaitement guérie, au grand contentement de son mari et de ses enfants. Mais, peu de temps après, il eut une affliction encore plus sensible par la mort de Marguerite de Fleurs, sa mère.

M. Chauveau fut choisi en ce même temps par le gouverneur de monseigneur le Dauphin [2] pour composer et graver des sujets de l'histoire grecque et romaine, afin d'apprendre agréablement l'histoire à ce jeune prince. Cet ouvrage n'a pas été continué; il n'y a eu que 18 planches de gravées; elles ne démentent point ses autres ouvrages. Entre les plus finis et les plus frappants, on doit remarquer les estampes du Carrousel, celles des Portes du Louvre, des Romans de Clélie, de Scipion, de Pharamond et d'Almahide; celles de l'Enéide, des Bucoliques et des Géorgiques de Virgile en 1662; des Œuvres de Sénèque, de la Pharsale de Lucain, et des poëmes de David, d'Alaric et de Clovis [3]; celles de plusieurs sujets de la vie de Jésus-Christ, dont on pourra donner dans quelque temps deux ou trois pièces qui n'ont point été gravées; et celles des vignettes in-folio représentant des divinités avec les choses où elles président.

Les estampes du poëme de la Jérusalem délivrée, celles de Saint Louis ou de la sainte couronne reconquise, gravées en 1658, et des Métamorphoses en rondeaux de Benserade, en 1675, sont encore des plus beaux morceaux qui soient sortis de sa main. Quoique, dans ce dernier ouvrage des Métamorphoses, MM. Le Clerc et Le Pautre ayent gravé plusieurs planches, néanmoins M. Chauveau conduisoit l'entreprise, et avoit fait le partage des planches à dessiner et à graver. Il arriva que M. Le Pautre ne put trouver une composition agréable et expressive pour représenter comme il faut la Métamorphose de Scython, qui étoit tantôt homme et tantôt femme; cela l'embarrassa, parcequ'il n'en vouloit rien témoigner au sieur Chauveau. Il eut recours à M. Le Clerc, lequel pareillement ne put se satisfaire lui-même en trouvant une attitude convenable à la figure de ce

---

1. Les deux demoiselles de Crouy, ses cousines. (Note manuscrite.)

2. Le duc de Montausier. (Ed.)

3. Les 7e, 8e, 17e, 19e, 22e et 26e planches de ce dernier poëme ont été gravées par Noel Cochin, que M. Chauveau employoit souvent. Feu mon père, qui étoit chez lui en de temps-là pour apprendre à dessiner, a souvent été porter des gravures de son maître à M. Chauveau. Ces planches de Clovis ont été copiées par le même Cochin, et réduites de la grandeur d'un in-12, au lieu que les originales sont in-4°. (Pap.)

sujet; de manière qu'ils furent obligés tous les deux d'aller ensemble avouer leur peine à M. Chauveau, qui fit donc cette planche telle qu'on la peut voir page 110 de ces Rondeaux.

Ce qu'on a pu rassembler jusqu'à présent de son œuvre monte environ à trois mille pièces gravées de sa main, presque toutes de son invention, et plus de 1,400 gravées d'après ses dessins par N. Cochin, P. Richer, J. Le Pautre, J. Boulanger, N. Regnesson, C. Simonneau, Daret, et autres graveurs, qu'il étoit contraint de faire travailler, ne pouvant tout faire lui-même; mais ces dernières n'ont pas la même force que celles qu'il a gravées. Son petit-fils[1] conserve plusieurs dessins de sa composition et de son plus beau, qui n'ont jamais été exécutés et n'ont point encore vu le jour. Je pourrai les graver et les donner au public, si Dieu me conserve la vie: en attendant, je vais commencer par six grands sujets de l'Écriture sainte, dessinés et lavés à l'encre de Chine, colés sur toile et montés sur des châssis; ils ont 34 pouces de long sur 22 de haut; je les réduirai à moitié. Il y avoit un troisième sujet, représentant les cailles qui tombèrent sur le camp des Israélites; il a été perdu. On prie ceux qui liront ce mémoire, et qui pourront en donner quelques connoissances, de vouloir en donner avis, dans l'espérance où l'on est qu'on voudra bien le communiquer, afin qu'on le puisse joindre avec les autres.

Feu M. de Launay, directeur de la Monnoye des Médailles, avoit appris à dessiner pendant deux ans de François Chauveau. Ce graveur a donné encore des leçons à plusieurs autres savants artistes[2]. Il fournissoit de desseins non seulement à des peintres et sculpteurs, mais aussi à des ciseleurs, des orfèvres et à des brodeurs, et même à des menuisiers et des serruriers[3]. Enfin, après une carrière autant glorieuse que pénible, sa femme étant malade depuis quinze jours et hors d'espérance de guérison, il revint de la ville tout en sueur; et, comme il n'étoit occupé que de son chagrin, il ne songea point à changer de linge; la fièvre lui prit si violemment qu'il fut obligé de se mettre au lit. Sa douleur augmentant à chaque instant, au bout de quatre jours la fièvre devint maligne. Malgré tous les soins qu'on eut de lui, on ne put le sauver, et il mourut le 3 février 1676, âgé de 63 ans moins deux mois. Il fut enterré à Saint-Côme.

1. Probablement le beau-frère de Papillon. (Ed.)

2. Outre les artistes nommés plus haut, et qui, pour la plupart, ont été élèves de Chauveau, on peut encore citer Nicolas Guérard (*Abecedario de Mariette*, in-8°, II, p. 338) et Edouard Le Davis, Anglois (*Ib.*, 67 et 192-3).—Dans la notice nécrologique sur le peintre Lafosse, mise par Dubois de Saint-Gelais dans son *Histoire journalière de Paris* (in-12, 1716, p. 50), il dit que « M. Chauveau et M. Le Brun furent ses maîtres pour le » dessin. » Cf. aussi Mémoires inédits sur les membres de l'Acad. de Peint., II, 1. (Ed.)

3. Nous savons encore, par ce passage des Mémoires de Brienne le fils (1828, II, ch. XXII, p. 235), qu'il recueilloit aussi et vendoit quelquefois des estampes : « On me » fit un crime de mes estampes, et je fus obligé de les rendre à Chauveau, qui me les » avoit vendues. C'étoit l'œuvre complet de Marc-Antoine, que j'avois payé 6000 livres » ou environ. » (Ed)

On cacha sa mort à sa femme; mais elle mourut aussi le 12 du même mois.

M. Le Brun, premier peintre du roi, qui fut prié de se trouver à l'inventaire fait après le décès de M. Chauveau, ne pouvoit se lasser d'admirer les tableaux qu'il avoit peints, et il en acheta plusieurs; il y en eut même un qu'il crut être du Poussin. Mon beau-frère en possède deux ou trois, qui sont de la même force. Comme M. Chauveau laissa cinq garçons et deux filles, tous en bas âge, on vendit une partie des curiosités de son cabinet. Nombre furent dissipées et détournées par un cousin-germain, âgé de vingt-deux ans ou environ, qui fut élu tuteur des enfants, et par un misérable solliciteur de procès, leur curateur, lesquels, par la suite, pillèrent et dissipèrent tous leurs biens. Ce qui avoit été amassé à grands frais produisit à peine pour fournir aux dépenses que l'on fit, tant pour les enterrements que pour les actes de tutelle des enfants et autres déboursés faits pour l'arrangement des affaires de cette maison.

On a deux portraits gravés au burin de François Chauveau, le premier de grandeur in-4°, d'après la peinture de Jacques Le Febvre[1], gravé par L. Cossin en 1668. Ce portrait est le chef-d'œuvre de M. Le Febvre; on l'estime de la même force que les ouvrages du fameux Van Dyck ou Vandeck; il est aussi fort bien gravé et très ressemblant. Il y a deux sortes d'épreuves différentes de cette planche : aux unes, le fond du tableau est éclairé du côté droit; aux autres, ce fond est brun, et même, sur les cheveux, il paroît des hachures qui les rembrunissent, ce qui a été fait afin de rendre la gravure plus conforme à la peinture de M. Le Febvre; de sorte que ces dernières épreuves sont les meilleures. Il est facile de les connoître par ce que l'on vient de dire et par les mots « de peinture et » de sculpture » qui ont été ajoutés au bas du portrait[2]. Les épreuves de ce portrait, qui sont dans les recueils de M. l'abbé de Marolles et de M. Clément, à la Bibliothèque du Roy, sont des premières, les moins conformes au tableau. Le deuxième portrait de M. Chauveau est dans les Hommes illustres, de M. Perrault; il a été gravé par Edelinck[3]; mais il ne vaut pas le premier, à beaucoup près. On en ajoutera un troisième, qui est à la tête de ce Mémoire[4].

Dans le recueil des portraits de M. Clément, à la Bibliothèque du Roy,

1. Reçu maître le 29 mars 1663. Fl. le Comte, III, 28, le fait mourir en 1698. (Ed.)

2. Il y en a un troisième état postérieur, avec l'adresse de Boudan. (Ed.)

3. Décrit par M. Robert-Dumesnil dans le catalogue d'Edelinck (*Peintre-graveur*, t. VII, p. 240, n° 166). — On connoît encore une copie du portrait de Cossin; elle dépend de la suite de Blancken, publiée en Allemagne. — Vigneul-Marville, ou plutôt le chartreux Bonaventure d'Argonne, dans ses *Mélanges d'histoire et de littérature* (Paris, Prud'homme, 1725, I, p. 222) a, dans son article sur Nanteuil, ces mots bons à rappeler à propos du portrait de Chauveau : « Nous avons eu en France trois graveurs » habiles, tous trois fort beaux hommes et très bien faits : Lasne, Chauveau, Nan» teuil. » (Ed.)

4. Nous n'avons pas besoin de rappeler que l'édition n'a pas été complétée, et, par suite, que Papillon n'a pas fait le portrait qu'il avoit l'intention d'y mettre. (Ed.)

il y en a un de grandeur in-octavo , enfermé dans une bordure octogone , où il est écrit à la main : Portrait de François Chauveau , gravé par lui-même. Mais certainement on s'est trompé , car il n'a aucun rapport avec ceux ci-dessus , quoi qu'il paroisse à peu près du même âge. C'est apparemment celui de son frère aîné , dont on a parlé plus haut [1].

L'aîné des fils de François Chauveau, né à Paris en 1657 ou 1658, se nommoit Louis Chauveau. Il s'attacha à la peinture , et fut s'établir avantageusement en Angleterre [2]. Suivant une lettre conservée chez M. Clairambaut , il vivoit en 1695. Les deux et troisième s'en allèrent sans qu'on ait jamais pu découvrir ce qu'ils sont devenus. Le quatrième s'appelle Evrard Chauveau. Il est encore vivant ; il est né à Paris en 1660 [3]. Après la mort de son père, on le mit chez Henry Le Febvre [4], pour continuer à se perfectionner dans la peinture ; mais les leçons qu'il avoit déjà reçues de son père lui furent plus profitables que celles de son maître. Il a beaucoup travaillé à Gaillon , pour M. Colbert, archevêque de Rouen [5].

En 1695. son frère cadet, qui étoit en Suède depuis environ deux ans, occupé à des ouvrages de sculpture , sollicita de M. de Tessin , surintendant des bâtiments du roi de Suède, de mander Evrard Chauveau. Sitôt qu'il fut arrivé , il peignit pour la reine de Suède , mère de Charles XI, les plafonds d'une des grandes galeries et du grand salon de Droningholm, château de plaisance proche Stockholm. Il a représenté la Naissance de Pandore au plafond du salon. C'est un ouvrage considérable , car ce salon est aussi long et presque aussi large que la nef des Grands-Augustins, à Paris. Dans cette peinture , il a fait régner tout autour une balustrade qui paroît ornée de riches tapis, et qui semble être soutenue par des colonnes. Autour de cette balustrade il paroît des caisses d'orangers et des cassolettes de parfums entremêlées de rares oiseaux.

En place de ces figures il avoit projeté de faire paroître des hommes de toutes sortes de nations, lesquels auroient paru contempler le plafond ; on ne goûta point son idée, qui étoit cependant plus noble et plus grande que celle qu'on l'obligea d'exécuter. Comme on l'avoit géné dans son projet, on ne lui a pas permis de rapporter en France les cartons qu'il avoit

1. Que Papillon ait ou non raison, on a bientôt attribué ce portrait à François Chauveau ; on le voit par l'inscription suivante , gravée sur un état postérieur de la planche (une épreuve en est maintenant à côté de celle, avec l'inscription manuscrite indiquée par Papillon :

> Si dedans le dessein ou dedans la peinture
> Vit-on jamais quelque chose de beau ,
> Il fault qu'il soit de l'illustre Chauveau ,
> Duquel tu voies icy l'agréable figure.

2. Walpole n'en a pas parlé dans ses *Anecdotes of Painting in England.* (Ed.)

3. Papillon a mis à la main : *s'appeloit*, a effacé : *il est encore vivant* (1734-8) , et ajouté : *étoit né...* (Ed.)

4. Reçu maître le 28 septembre 1675. (Ed.)

5. Jacques-Nicolas, fils du grand Colbert, mort à Paris le 10 déc. 1707, à 53 ans. (Ed.

faits pour cet ouvrage ; néanmoins on pourra graver et donner au public,
dans quelque temps, toute l'ordonnance de ce plafond, excepté seulement
la balustrade, parcequ'elle n'est point peinte sur le petit modèle que ce
peintre avoit fait, qu'il a trouvé moyen de rapporter de Suède.

Cette grande entreprise étoit à peine finie, que le prince de Hesse-Cas-
sel, maintenant roy de Suède, arriva de son voyage d'Italie ; aussitôt il
vint voir les peintures de Droningholm. Surpris de la magnificence et du
coup d'œil de cet ouvrage, il demanda à M. de Tessin si c'étoit du pinceau
d'un Italien. Ce seigneur lui fit répouse que c'étoit de celui d'un François,
et là-dessus il lui présenta Evrard Chauveau, qui s'étoit avancé pour saluer ce prince et savoir ses sentiments sur son ouvrage, lequel lui dit,
d'une manière fort obligeante : « Monsieur, je reviens d'Italie, mais je n'y
» ai rien vu de si beau[1]. » Ce peintre a aussi beaucoup travaillé à Stockholm, tant au château royal qu'à des palais de plusieurs seigneurs[2], et est
mort à Paris le 23 mars 1739 ; il est enterré à Saint-Étienne-du-Mont.

Evrard Chauveau a deux fils, nés en Suède ; l'un est établi aux îles de
l'Amérique, et l'autre, à Paris, est assez connu par son habileté dans le
paysage, et par les belles copies qu'il fait des ouvrages de Vauvremans et
de Vatteau.

Le cinquième fils de François Chauveau, nommé René Chauveau, architecte, sculpteur et grand dessinateur, naquit à Paris le 1er avril 1663. Voici son portrait, gravé[3] d'après la médaille, composée et modelée, avec un
éloge latin au revers, deux ans après son décès, par René-Bonaventure
Chauveau, son fils unique, dont on a parlé ci-devant, page ...[4]. Celui
que M. du Mesnil[5] a peint quelque temps auparavant ne ressemble pas
aussi parfaitement que celui-ci, lequel est parlant. Cette médaille a été
fondue en bronze, et a été réparée par un excellent ciseleur, nommé Curé ;
elle est dorée d'or moulu[6].

1. La composition de ce morceau représentoit Pandore, et il étoit de la composition
de René Chauveau, son frère, dont on va parler. (Note manuscrite.)

2. La mention de la mort est ajoutée à la main par Papillon. (Ed.)

3. Il ne l'a point été. (Note manuscrite.)

4. Ici même, pages 13 et 14, et, dans le vol. de Papillon, p. 248, où il s'agit
des livres publiés par Hubert Goltzius : « M. Chauveau, mon beau-frère, architecte-
» juré-expert, ancien syndic de sa compagnie, petit-fils du fameux Chauveau, m'a
» fait présent du premier livre, etc. » (Ed.)

5. Probablement Pierre Dumesnil, peintre de l'Hôtel-de-Ville de Paris, et professeur à l'Académie de Saint-Luc, qui ajouta quelques peintures à la chapelle peinte
par Eustaebe Le Sueur, rue Portefoin (Cf. Archives de l'art français, II, 27), peignit
une Visitation pour Saint-Jean-en-Grève (Pig., IV, 113), et le lit de justice de Louis
XV, qui est au Musée de Versailles. (Ed.)

6. Nous aurions voulu donner en tête de notre réimpression la gravure de la médaille du Curé, mais nous n'avons pas été assez heureux pour la rencontrer. Une note
insérée dans l'Athenœum français du 12 août 1854, p. 754, dans l'espoir d'arriver à
avoir la communication de cette médaille, est malheureusement restée sans réponse.

René Chauveau , quoique le plus jeune de ses frères , a été cependant celui d'eux tous qui a marché avec le plus de succès sur les traces du célèbre François Chauveau ; et l'on peut dire qu'on a vu renaître en lui cette heureuse fécondité de génie qui caractérise les ouvrages de son père. Dès l'âge de 7 à 8 ans, il alloit tous les jours chez M. Girardon , l'un des plus grands sculpteurs que nous ayons jamais eus. Là il modeloit sous les yeux de cet excellent homme, qui en prenoit un soin particulier, non seulement à cause de l'amitié qu'il portoit à son père, qu'à cause du génie et du goût qu'il remarquoit dans son élève pour son art. Ce jeune homme , de retour à la maison , passoit les soirées à dessiner avec ses frères auprès de son père ; même, les fêtes et dimanches, de retour de l'église, il s'appliquoit toujours à composer et modeler quelque chose de nouveau. Il avoit 13 à 14 ans lorsqu'il eut le malheur de devenir orphelin par les morts imprévues de son père et de sa mère. Pour comble d'affliction, il perdit en même temps toutes les ressources qu'il avoit alors pour exceller dans la profession qu'il avoit embrassée. Son tuteur le mit en apprentissage chez un pauvre sculpteur en bois, dont la capacité étoit fort médiocre; aussi n'avoit-il été choisi qu'à cause du bon marché dont on étoit convenu pour cet apprentissage. Il est bien vrai que notre jeune homme ne manquoit pas d'aller tous les jours à l'Académie aux Gobelins, pour se fortifier dans le dessein , et que, la plus grande partie des nuits, aussi bien que les dimanches et fêtes, il étudioit assidûment : car , pendant le cours de la semaine, il étoit obligé de travailler pour son maître. Mais on peut juger qu'il ne se plaisoit guère chez lui, ayant assez d'esprit pour sentir la différence du savoir de cet homme à celui de M. Girardon, où il avoit appris les principes de la sculpture. Aussi quitta-t-il ce maître avant la fin de son temps. M. Cafière, sculpteur [1], qui l'avoit engagé à cela en lui offrant sa maison, le fit d'abord modeler de grands trophées, qu'il avoit ordre d'exécuter en bronze pour le Roy. Dans ce temps-là M. Colbert venoit souvent chez ce sculpteur pour voir ces ouvrages. Un jour, apercevant René Chauveau, qui ne paroissoit qu'un enfant (parcequ'il n'avoit pas plus de quinze ans et n'étoit pas encore formé), modeler un de ces grands trophées avec une promptitude extraordinaire, il ne put se lasser de l'admirer, et demanda qui il étoit. Le sieur Cafière lui ayant répondu que c'étoit un des fils de François Chauveau, ce ministre, après beaucoup de louanges, lui recommanda d'en avoir soin ; mais l'amour-propre de René Chauveau, flatté par un si grand homme, le poussa à se produire auprès de lui. Pour y réussir, il composa quelques modèles, dont un étoit un petit groupe de

Sur ce Simon Curé , né à Ivry, près Paris, et mort à Paris le 19 août 1734 , à 54 ans, et qui étoit plutôt un ouvrier qu'un artiste, cf. *le Mercure de France*, septembre 1734, p. 2027-9, analysé dans *l'Athenæum*. (Éd.)

1. Philippe Caffieri, né à Rome en 1634, mort en 1716 en France, où il étoit depuis long-temps établi. Voir, sur lui et ses divers enfants, la note communiquée par Jean-Jacques Caffieri à l'abbé de Fontenay (*Dict. des artistes*, I, 290-1). (Éd.)

figures représentant l'enlèvement de Proserpine, qu'il fut lui présenter. Cela lui procura de l'ouvrage à lui en propre, avec un logement dans les Gobelins. Comme il dessinoit souvent chez M. Colbert la plus grande partie de ses projets, cela le fit connoître des plus grands seigneurs de la cour ; même monseigneur le Dauphin l'envoyoit chercher pour esquisser ou projeter les choses qu'il vouloit faire exécuter.

La mort de M. Colbert n'altéra rien au commencement de sa fortune. Il fut estimé de M. de Louvois ; M. de Villacerf, qui succéda à ce dernier dans la charge de surintendant des bâtiments, etc., le prit en amitié, et surtout M. le Fèvre, contrôleur général des bâtiments. Ce dernier devint son protecteur, en sorte qu'à l'âge de vingt-cinq à vingt-six ans, il se vit, pour ainsi dire, à la tête de tous les sculpteurs pour faire tous les projets et toutes les esquisses. Comme il demeuroit aux Gobelins, il fit connoissance avec M. de Cuccy, Italien, orfèvre, ébéniste et fondeur [1], lequel faisoit tous les meubles et les bronzes pour le roy et les princes, et se maria avec sa fille aînée [2].

René Chauveau conduisoit, outre toutes ses entreprises, l'atelier de son beau-père. A l'âge de trente ans, étant extrêmement chargé d'ouvrages, il pria M. le Fèvre, son protecteur, de demander pour lui, ou du moins l'appuyer auprès de M. de Villacerf, pour avoir un logement au Louvre : car, avec les ouvrages qu'il faisoit pour le Roy, il en avoit encore pour monseigneur le Dauphin, pour le prince de Conty, pour les Invalides et pour plusieurs particuliers, ce qui le mettoit dans la nécessité de quitter la demeure des Gobelins, pour se mettre plus à portée de ses différents ateliers. Il faisoit de plus tous les desseins pour les bâtiments du roy de Suède et pour

1. Domenico Cuccy, digne prédécesseur de Boulle. Voir, dans les extraits des registres des bâtiments publiés à la suite de la notice sur la galerie d'Apollon, par M. de Chennevières, 1851, p. 72-81, les paiements faits de 1665 à 1668 pour deux grands cabinets représentant le temple de la Gloire et de la Vertu. Marolles, en 1677, parle de lui dans les quatrains de son *Paris* consacrés aux Gobelins :

> Pour la sculpture en bois, là sont venus de Rome
> D'entre les bons sculpteurs Philippe Caffieri,
> Et du mesme pays Dominique Caffi,
> Que partout en leur art justement on renomme.

M. Lacordaire nous a communiqué la copie d'un acte passé le 23 février 1683 entre Dom. de Cuccy — sa première femme, Jeanne Goujon, vivoit encore ; la seconde fut une Catherine Anguier — et la fabrique de l'église Saint-Hippolyte, dans laquelle on stipule en faveur de celui-ci une fondation de messe et de service, moyennant laquelle fondation il abandonne la créance qu'il avoit sur la fabrique pour l'argent dépensé par lui à faire abattre et réédifier la voûte, comme aussi pour des travaux au tabernacle et à la chapelle du Saint-Sacrement. Du reste, M. Lacordaire en parlera plus amplement dans son grand ouvrage sur les Gobelins. (Éd.)

2. La cadette épousa le sieur Slodtz, sculpteur, d'où sont sortis MM. Slodtz d'à présent, demeurant au vieux Louvre, assez connus par tous leurs ouvrages. (Pap.)

M. Colbert, archevêque de Rouen, chez lequel il alloit souvent à son château de Gaillon, où il faisoit travailler. M. de Villacerf lui octroya ce logement avec beaucoup de bonté; mais, quelques jours après, sur les remontrances de M. Cuccy, qui se plaignoit du tort considérable que lui feroit l'éloignement de son gendre, il retira sa parole, et lui conseilla de s'accorder avec son beau-père. Quelque chose que M. Chauveau lui pût représenter, il ne voulut point se rendre à ses raisons, de sorte que celui-cy chercha à se loger dans le centre de la ville. Il vint demeurer vis-à-vis les Ecoles de médecine[1]. Ce fut alors que M. Cronstrom, envoyé et résident pour la Suède à Paris, apprenant que M. Chauveau étoit mal content du procédé de M. de Villacerf, vint à son logis lui dire qu'il avoit ordre de demander au Roy plusieurs sculpteurs, et lui offrit, de la part du roy de Suède, son maître, une pension de 1,500 livres, ses ouvrages payés, logé et chauffé, et les voyages d'aller et revenir, tant pour lui que pour sa famille, faits aux dépens de ce prince. M. Chauveau lui donna sa parole, sous condition du consentement de M. le Fèvre, qui étoit alors aux eaux de Bourbon. A son retour, il fut le saluer, lui fit part de ce qui lui étoit arrivé et des propositions du résident de Suède, lui disant qu'il n'avoit pas voulu s'engager sans sçavoir ses sentiments. M. le Fèvre, qui n'avoit pas encore vu M. de Villacerf, lui fit réponse que les travaux chez le Roy étoient presque partout cessés; que, la disette étant dans le royaume (c'étoit au commencement de 1693), il ne pouvoit mieux faire; qu'il n'avoit qu'à traiter, et qu'il lui feroit expédier ses passeports. M. Chauveau fut du même pas chez M. le résident de Suède, lequel lui dit, en le voyant, qu'il avoit vu M. de Villacerf; que, parlant ensemble de cette affaire, ce ministre lui avoit répondu assez brusquement, ce qu'il fit à dessein de dégoûter M. Cronstrom du sieur Chauveau, comme la suite le fera connoître, qu'il pouvoit envoyer en Suède M. Chauveau, s'il le jugeoit à propos, et une douzaine d'autres comme lui, s'il le vouloit. Ces paroles, qui paroissoient méprisantes, déterminèrent notre sculpteur à signer l'acte de son départ. Le lendemain, dès trois heures du matin, il reçut une dépêche de M. le Fèvre, qui lui enjoignoit de se rendre à Versailles à son lever. Y étant arrivé, il fut très surpris lorsqu'il lui dit que M. de Villacerf lui avoit donné ordre de l'empêcher de partir pour la Suède; que ce ministre lui faisoit les mêmes offres que le sieur Cronstrom lui avoit faites; qu'il alloit faire accommoder le logement qu'il lui avoit accordé dans le Louvre, et qu'il feroit pour le Roy ces grandes figures de bronze, lesquelles sont autour des bassins du jardin en face du château de Versailles[2]. Ces belles propositions flattoient vivement M. Chauveau, et lui firent dire qu'il étoit bien fâché de s'être engagé avec M. Cronstrom. Sur quoi M. le Fèvre, re-

---

1. Celles-ci étoient comprises entre la rue du Fouarre, de la Bucherie et des Rats, maintenant de l'hôtel Colbert. Cf. Jaillot, Quartier Saint-Benoît, p. 17-22. (Ed.)

2. Elles ont été faites par Etienne Lehongre et par Laurent Magnier avec la grâce et la supériorité que l'on sait. (Ed.)

prenant la parole : « Je n'ai, dit-il, Monsieur, aucun avis à vous donner
» là-dessus ; je vous donne vingt-quatre heures pour y penser ; j'attends vo-
» tre réponse. » M. Chauveau revint le lendemain lui dire toutes les réflexions qu'il avoit faites ; qu'à la vérité les offres de M. de Villacerf le ten-
toient, mais qu'il appréhendoit très fort que ce ne fût que des apparen-
ces, lesquelles ne dureroient peut-être qu'autant de temps qu'il en faudroit
pour lui faire manquer les avantages qu'on lui proposoit en Suède ; qu'il
avoit lieu de croire que c'étoit là le but où tendoit le ministre, vu les paroles qu'il avoit dites à M. Cronstrom quand il lui en avoit parlé ; de plus,
qu'il savoit que tous les anciens et habiles sculpteurs lui portoient envie ;
que ce qu'il lui avoit dit la veille touchant la disette et le peu d'ouvrage
que l'on pourroit avoir à faire pour les bâtiments du Roy le détermi-
noit entièrement à partir, d'autant plus qu'il seroit très mortifié s'il apprenoit un jour qu'un autre, à son refus, eût fait fortune dans ce pays-là ;
qu'il le prioit en grâce de lui dire ce qu'il en pensoit, et qu'aveuglément
il suivroit ses ordres. Là dessus M. le Fèvre lui répondit, avec beaucoup
de bonté, que toutes ces réflexions étoient justes, qu'il n'avoit qu'à partir,
et que quand le temps deviendroit meilleur, il le lui manderoit ; il ajouta
qu'il eût à garder le secret et à partir au plus tôt[1].

Le premier août de ladite année 1693, René Chauveau fit donc ce voyage, laissant à Paris sa femme et ses enfants, son frère et sa famille, pour
faire terminer tous les ouvrages qu'il avoit commencés. Auparavant, il fut
prendre congé de M. Colbert, archevêque de Rouen, lequel lui dit très
gracieusement qu'il alloit faire cesser les ouvrages à Gaillon jusqu'à son
retour de la Suède.

René Chauveau, arrivé dans ce pays-là avec plusieurs sculpteurs, fut
d'abord saluer M. le baron de Tessin, surintendant des bâtiments du Roy
de Suède. Ce seigneur, étant jeune, s'étoit attaché à la maison du comte
d'Oxenstiern ; ce comte, qui estimoit plus la vertu et le mérite que tous
les biens de ce monde, lui donna sa fille et fit sa fortune. M. de Tessin
étoit bon gentilhomme allemand, pauvre, mais plein d'honneur, de mérite
et de science ; il fut un des plus grands architectes qu'il y ait eus en Europe, et devint par ce moyen surintendant des bâtiments. Il reçut parfaitement bien notre sculpteur avec ses compagnons ; il le connoissoit par

1. L'un de nous possède en original un petit billet inédit de Girardon relatif à ce départ de Chauveau pour la Suède : « Monsieur, j'ay etté aux Invalides aveq M. Chau-
» veau pour parler à M. de Cotte touchant se que le dit Chauveau a reçu sur les ou-
» vrages qu'il faict. Mondit sieur de Cotte m'a dit qu'il examinera ses mémoire et qu'il
» vous en rendra compte, mais qu'il croy quy luy est deu. Le sieur Slotz, beau-frère
» de Chauveau, se charge d'achever se qu'il peut y avoir et entrera à sa place sy vous
» l'avez agréable. Je suis aveq toutte la somission que je vous dois, Monsieur, vottre
» très humble et très obligé serviteur   GIRARDON.
» Paris, ce 7ᵉ juillet 1693. »

Puis on a écrit sur la lettre même : «Voir ce que Chauveau avoit à faire, et avec qui
» il étoit, et ce qu'il a reçu sur cet ouvrage. »

tous les desseins qu'il avoit de lui, que M. Cronstrom lui avoit fait tenir.
Charmé de son arrivée, il lui communiqua tous ses projets pour la décoration du château royal de Stockolm, et lui ordonna de lui dire franchement
ce qu'il y avoit à rectifier. Ensuite il lui donna le choix des ouvrages
qu'il vouloit faire exécuter, afin de distribuer le reste aux autres sous sa
direction. Reçu si agréablement, et, quelques mois après, aimé et chéri
du Roy Charles XI[1], René Chauveau fit venir sa femme, ses enfants, son
frère Evrard, peintre, et toute sa famille, avec un de ses beaux-frères, nommé Cousinet, l'un des plus habiles orfèvres de son siècle. Il avoit parlé de
l'un et de l'autre au surintendant, lequel étoit bien aise de posséder toute
cette famille, croyant par là le fixer dans le pays.

La jalousie s'empara bientôt de l'esprit des autres sculpteurs. Ils ne
voyoient que le sieur Chauveau de caressé ; ils étoient au désespoir de ce
que M. de Tessin lui communiquoit toutes ses idées, et de ce qu'il suivoit
ordinairement ses avis On fit alors[2] de grands préparatifs d'un bal que le
Roy vouloit donner ; il devoit être magnifique. M. Chauveau fut chargé de
toute l'entreprise ; il composa des pagodes, charges, grotesques et mascarades, destinées particulièrement pour le Roy, dans lesquelles ce prince pouvoit se mettre commodément ; comme elles n'étoient composées que de carton richement habillé, il dansoit avec sans être gêné aucunement. Ce fut à
l'occasion de ce bal que M. Chauveau fit connoître au surintendant l'envie
que lui portoient les autres sculpteurs ; c'est pourquoi il le pria instamm-
ment que chacun d'eux eût à faire et à se charger d'une partie de l'entreprise , se doutant bien de ce qui arriveroit, et voulant les mettre dans leur

1. Ce prince étoit extrêmement sévère ; en voici une preuve. Un soldat qui étoit en
sentinelle au bas de l'escalier du Palais royal à Stockolm, ayant vu la reine, qui avoit
fait un faux pas , en danger de tomber en descendant cet escalier, jeta ses armes et
courut la retenir. Charles XI , ayant sçu cette action, commanda au conseil de guerre
de juger ce soldat à cause qu'il avoit quitté son poste. Il fut condamné à perdre la vie.
La sentence alloit être exécutée, lorsque la reine, avec de grandes instances, se jeta
aux pieds du roy pour lui demander la grâce du soldat, ce qu'elle eut bien de la peine
à obtenir. (Pap.)

2. En ce temps-là, il arriva à la Cour de Suède une aventure qui fit bien rire.
Charles XI avoit plusieurs ours qui étoient apprivoisés ; un, entre autres, étoit habillé en page. Un paysan, étant venu au palais afin que le roy lui rendît justice sur
quelque affaire, avoit apporté un panier plein de très beaux fruits pour les présenter
à Sa Majesté. L'ours en question se jeta sur le fruit, se divertit à le faire sauter dans
la grande salle, et s'en fut ensuite d'un autre côté. Le roy, étant arrivé, vit le paysan
qui avoit l'air chagrin ; il l'aborda en lui disant : «Cher père, qu'avez-vous? »—«Sire »,
lui répondit ce manant, « j'apportois de très beaux fruits à Votre Majesté ; mais un de
»vos pages me les a pris. »—« Qu'on fasse venir tous mes pages !» dit le roy en l'interrompant et s'adressant à un de ses gentilshommes ; « tu reconnoîtras bien celui qui a
»fait le coup? »continua-t-il, se tournant du côté du paysan. —« Oui, Sire », lui répondit-il. Les pages ayant passé en revue devant le paysan, il ne put reconnoître celui
qui lui avoit pris le fruit. Enfin le roy se ressouvint de son ours, et, l'ayant fait amener, le paysan reconnut que c'étoit son voleur. (Pap.)

tort ; que, pour lui, il prendroit ce qu'ils ne voudroient pas exécuter. Chacun choisit donc sa partie, et M. de Tessin fit marché avec eux de chaque morceau. Quatre jours avant le bal, ce seigneur envoya chercher M. Chauveau, pour savoir dans quel état étoit toute l'entreprise. Ce sculpteur lui dit que son affaire étoit faite ; qu'à l'égard de celle des autres, il n'en pouvoit rien dire, n'ayant pas été possible de pénétrer ce qu'ils avoient fait, parcequ'ils avoient toujours tenu leurs ateliers clos et fermés. M. de Tessin y fut sur-le-champ, et, très surpris de voir qu'ils n'avoient pas encore commencé, et qu'ils ne savoient même par où s'y prendre, il entra contre eux dans une grande colère ; se tournant du côté de M. Chauveau : « Je vois bien », lui dit-il, « que par là le bal va manquer ; il n'y » a que vous », ajouta-t-il, « qui puissiez me tirer de cet embarras. » — « Je le ferai de tout mon cœur », répondit M. Chauveau ; « faites-moi seule- » ment donner une trentaine de filles avec les clefs du magasin aux étoffes ; » je vous réponds de la célérité de l'exécution ; vous pouvez vous fier à ma » parole. » Le surintendant, encore plus en colère, lui répartit brusquement s'il vouloit se moquer de lui ; qu'est-ce qu'il prétendoit faire de ces filles, de ces clefs et de ces étoffes ; que l'on n'avoit plus que trois jours pour travailler ; qu'enfin il le prioit de lui dire comment il prétendoit agir. — « Monsieur », lui dit René Chauveau, « j'ai plus besoin à présent de » filles, pour l'exécution de notre entreprise, que de sculpteurs ; le temps » nous presse ; sans m'amuser à vous compter mon dessein, laissez-moi faire, » vous serez content. » — « Faites donc comme vous l'entendrez », répliqua d'un ton radouci le surintendant ; « je vais vous envoyer les filles et les » clefs » Alors notre ingénieux sculpteur, qui avoit des creux tout préparés de figures d'hommes et de femmes, grandes comme le naturel, les fit mouler par parties, et, avec du gros fil de fer, il faisoit ses assemblages ; au lieu de draperies de carton, il les habilloit avec les étoffes du magasin, qu'il gommoit, et le fil de fer lui servoit aussi à former les plis de ces draperies, lesquels étoient aussi cousus par endroits avec ce fil de fer, en sorte que le tout subsistoit et pouvoit avoir du mouvement. Quand tout fut prêt, précisément la veille du jour marqué, il fut chez M. de Tessin, et, l'abordant en riant : « Monsieur », lui dit-il, « il faut que votre curiosité » ait été bien paisible, puisqu'elle ne vous a pas porté à venir voir nos mas- » carades ; tout est en état ; de plus, je suis certain que vous aurez lieu d'être » satisfait ; vous les trouverez même sans doute plus belles que mes pre- » mières. » M. de Tessin fut les voir. Charmé de leur effet, il s'écria : « On » a bien raison de dire que la nécessité est la mère et l'inventrice de toutes » choses. Je vous jure, Monsieur, que je ne vous concevois pas avec les filles » et les clefs du magasin que vous me demandiez ; mais je vois à présent » que vous aviez raison ; qu'il falloit plutôt des couturières que des sculp- » teurs. » Le bal et la fête se firent. Le Roy, très content de l'effet de toutes ses mascarades, cherchoit des yeux son sculpteur ; impatient de ne le pas trouver, il le demanda à M. de Tessin, qui l'envoya chercher. Pour lui, ayant passé trois jours et trois nuits à travailler sans relâche, il se repo- soit. On le réveilla, et on lui dit que le Roy le demandoit. « Comment »., dit-il tout étonné, « quelque chose a-t-il manqué? » — « Non », lui répondit-on; « au contraire, c'est que le Roy veut que vous soyez témoin de » l'effet de vos grotesques et mascarades.» — « Dites à Sa Majesté », répliqua-t-il en se remettant de son trouble et se renfonçant dans le lit, « que je suis si fatigué qu'il m'est impossible d'ouvrir les yeux ; que je res» sens, autant que je le dois, la grâce qu'elle me fait d'avoir tant de bontés » pour moi, mais que j'ai plus besoin de repos que de divertissements. » Quelque temps après, lorsqu'il s'agit du paiement pour toutes ces mascarades, le surintendant demanda à M. Chauveau ce qu'il lui falloit pour ses extraordinaires, au sujet des mascarades qu'il avoit faites, que les autres sculpteurs n'avoient pu exécuter. « Monsieur », lui répondit-il, « vos » prix et marchés étoient faits avec eux ; je ne demande pas autre chose.» — « Comment », s'écria le surintendant, « deux cents pistoles en trois » jours ! » — « Et l'invention? » reprit le sieur Chauveau.— « Vous avez » raison », interrompit M. de Tessin en l'embrassant; «je ne saurois trop » vous satisfaire, et vous être redevable de m'avoir tiré d'un tel embarras. »

Vers ce temps, la femme de M. Chauveau accoucha d'une fille. Le père fut aussitôt chez M. le comte Davaux, ambassadeur extraordinaire pour la France dans cette cour, le prier de lui faire la grâce de demander au Roy la permission de faire baptiser cet enfant dans la chapelle de son hôtel. « Que vous importe », lui dit M. l'ambassadeur, « qu'il soit baptisé dans » le temple ou dans ma chapelle? Nous reconnoissons pour bon le baptême » des Luthériens. » — « Ce n'est pas par scrupule que je le souhaite», lui répondit M. Chauveau ; « c'est que, m'en retournant en France, mon enfant » seroit réputé étranger, et que je n'aurois pas besoin de le faire naturaliser » s'il avoit été baptisé dans votre chapelle.» — « Vous n'y gagnerez rien», reprit le comte Davaux, « car, dans ce pays-ci, cela n'a jamais été permis ; » je n'ai pas envie de m'exposer à un refus; d'ailleurs, vous savez que mon » pouvoir est peu de chose dans la situation des affaires [1]. » — « Eh bien !

1. M. le comte Davaux, qui étoit oncle du premier président de Mesme, avoit été envoyé en Suède à l'occasion de quelques brouilleries qui s'étoient élevées entre les deux cours au sujet d'une médaille dans l'histoire de Louis XIV, du père Ménestrier, jésuite, première édition en 1689 (page 28), par laquelle médaille (que ce père veut persuader avoir été frappée publiquement en Suède par reconnoissance pour la France, ce qui faisoit apparemment le sujet de la dispute) il sembloit que ce prince étoit le protecteur de la Suède. Cette médaille représente un coq perché sur un globe dans lequel est écrit SVECIA, et, dans la légende, SVB. VMBRA. ALARVM. Au revers est écrit GALLVS PROTECTOR. Sous ces mots on voit une gerbe, symbole de la Suède, avec le globe, la couronne et l'épée. M. le comte Davaux, arrivé à Stockolm, à la première audience, comme il parloit par interprète et que l'on ne paroissoit pas trop goûter toutes les raisons qu'il faisoit dire, il demanda six mois pour apprendre la langue, afin, dit-il, de les faire entendre plus catégoriquement que ne pouvoit faire son interprète. Pendant ce temps, il eut l'adresse de gagner par ses manières, qui étoient grandes, nobles et généreuses, le roy et les seigneurs de la cour ; il ne fut plus question de cette affaire. Le bibliothécaire du roy de Suède, qui aimoit et

» Monseigneur», repartit M. Chauveau, « je le demanderai donc moi-même
» au Roy ; s'il me refuse, mon parti sera bientôt pris, je m'en retournerai
» en France. » Le lendemain, du grand matin, il fut à son ouvrage, se doutant bien que le Roy ne manqueroit pas, à son ordinaire, de venir seul
le voir travailler; il espéroit d'autant mieux obtenir sa demande, qu'il avoit
déjà reçu plusieurs marques d'affection de ce prince, même de grandes
médailles d'or et d'argent et de grands videcommes[1] de vermeil. Il ne fut
pas plus tôt à son ouvrage que le Roy arriva. « Sire », lui dit le sieur Chauveau en le saluant respectueusement, « je suis dans l'embarras. Ma femme
» est accouchée d'hier; j'ai été aussitôt chez M. notre ambassadeur le prier
» d'obtenir la permission de faire baptiser mon enfant dans sa chapelle. Il
» m'a répondu que cela ne se pouvoit pas, parceque les lois y étoient con-
» traires, et qu'on les observoit très rigidement. Je l'ai prié alors de le de-
» mander à Votre Majesté; mais il m'a refusé.» — «Quelle raison avez-vous
» donc », dit le Roy, «pour rechercher cette permission avec tant d'ardeur
» que vous le faites? Les catholiques sont d'accord avec nous sur ce point;
» tous les jours leurs enfants sont baptisés dans nos temples.» — « Sire, je
» le sais», répliqua M. Chauveau, «c'est pour gagner à mon enfant le droit
» de naturalité.» — « Puisqu'il est ainsi », reprit le Roy avec beaucoup de
bonté, « je vous le permets. Dans une heure, il y aura conseil; je vous en-
» voyerai cette permission par écrit. Je ne vous ai point fait venir ici pour
» vous chagriner; tranquillisez-vous, et travaillez en attendant; ce sera la
» première affaire dont on parlera.» Le Roy s'en alla ; trois quarts d'heure
après, un gentilhomme vint de sa part dire à M. Chauveau qu'il pouvoit
faire baptiser son enfant dans la chapelle de M. l'ambassadeur, sur sa parole royale; qu'il étoit fâché de ne pouvoir lui envoyer cette permission
par écrit, comme il le lui avoit promis, mais que, sur les remontrances de
l'archevêque d'Upsal, le conseil en général s'y étoit opposé; qu'il eût cependant à faire faire ce baptême de nuit, sans éclat. Il en arriva néanmoins tout le contraire: car M. le comte Davaux, qui fut le parrain, le
fit faire aux flambeaux, après avoir envoyé son équipage pour amener l'enfant, celle qui représentoit la marraine[2], et le père. Tous les François y furent invités, et furent régalés d'un festin magnifique. Depuis ce temps,
tous les catholiques qui se sont trouvés en Suède ont fait baptiser leurs

estimoit M. Chauveau, lui donna le livre dans lequel est cette médaille. On n'avoit
imprimé qu'environ un cent de cette première édition pour envoyer dans les cours
étrangères; les exemplaires, par conséquent, sont rares et recherchés, tant à cause
de cette médaille qu'à cause de quelques autres , qu'on a rectifiées dans l'histoire de
Louis XIV par les médailles, faite par ses ordres en 1702, et depuis, sous Louis XV,
en 1722. (Pap.)

1. Ce sont de grands gobelets que l'on emplit de vin dans les repas, et que l'on fait
boire à chacun des conviés à la ronde. (Pap.)

2. La marraine étoit une dame de ses parentes qui étoit en France; elle fut repré-
sentée par une sœur du sieur Chauveau, laquelle vit encore : elle est établie à Evreux,
en Normandie. (Pap.)

enfants aux hôtels des ambassadeurs; cette coutume s'est introduite en d'autres cours.

Les seigneurs suédois faisoient mille caresses à notre habile sculpteur.

venoient à tous moments le consulter sur les petits ouvrages de leurs mains : car toute la noblesse de ce pays sait un art ou un métier. Un jour le comte Stenbock[1], ce fameux général qui, depuis, a si bien servi sa patrie, lui vint montrer un portrait qu'il avoit peint de la comtesse d'Hona, qu'il recherchoit, et lui demanda s'il la reconnoissoit. « Oui, Monsieur », répondit le sieur Chauveau, « elle est fort bien; mais, si vous vouliez me » permettre de vous dire franchement ma pensée, je pourrois peut-être vous » rendre un grand service. » — « Je le veux », dit le comte, « vous ne sau- » riez me faire plus de plaisir. » — « Je connois la comtesse », reprit M. Chauveau, « elle a beaucoup de goût, et encore plus d'esprit; quand cela » ne seroit pas, il se pourroit rencontrer quelqu'un qui lui feroit remar- » quer le défaut de votre tableau. Elle est fière et sage; elle pourroit re- » garder votre galanterie tout d'une autre manière que vous. Vous la repré- » sentez sous la figure de Vénus, une pomme d'or à la main, avec l'inscrip- » tion : « C'est pour la plus belle ». Croyez-moi, Monsieur, cette représen- » tation ne convient qu'à une coquette; la figure d'une Minerve ou d'une » Diane, c'est là ce qui convient à son caractère. Si vous faites tant soit peu » d'attention à ce que j'ai l'honneur de vous faire remarquer, vous avouerez » sans doute que j'ai raison. » Jamais le comte ne s'étoit trouvé plus surpris qu'il ne le fut entendant ce discours. « Ma foi », dit-il en sautant au col de M. Chauveau, « vous avez grandement raison; par D., je vous ai une » obligation infinie; je ne l'oublierai jamais. » Véritablement, ce seigneur a toujours estimé, chéri et gratifié notre sculpteur.

Vers la fin de l'année 1697 ou au commencement de 1698[2], le feu prit si violemment au château royal de Stockolm, qu'il fut brûlé en moins de quatre heures de temps. Il n'y eut que la chambre où étoit en dépôt le corps du Roy Charles XI (il étoit mort le 15 avril 1697, âgé de quarante-deux ans[3]), avec les chambres attenant celle-là, qui restèrent de l'incendie;

---

1. Il revenoit depuis peu de visiter les plus belles villes de l'Europe; étant à Lyon, l'argent lui manqua; ne voulant point être connu, il envoya son valet de chambre en Suède pour en rapporter, et entra chez un tourneur, comme un compagnon passant, où il travailla jusqu'au retour de son domestique; alors il remercia son maître et le gratifia très généreusement. Charles XII, roi de Suède, étoit aussi un excellent tourneur. (Pap.)

2. Cet événement n'arriva ni en 1698, ni même à la fin de 1697, comme le dit Papillon, mais le 18 mai 1697, comme on le voit dans *le Mercure historique et politique*, La Haye, chez Henry van Bulderen, in-18, t. XXII, volume de juin, p. 663. (Ed.)

3. Peu de personnes savent la cause de la mort de ce prince. Voici le fait : Charles XI, étant à la chasse, descendit de cheval pour quelque besoin; un ours sortit en ce moment d'un endroit plein de broussailles et vint droit à lui; ce prince, sans s'effrayer, tira son épée et l'attendit de pied ferme. Comme il baissoit le bras pour l'enfiler, cet animal se dressa tout droit sur les jambes de derrière, le prit entre ses deux

du reste il ne fut pas possible de rien sauver. Toutes les raretés que le grand Gustave y avoit fait apporter durant le cours de ses conquêtes dans l'Allemagne, avec les beaux chevaux qui avoient servi au magnifique carrousel[1] du Roy défunt, qu'on avoit achetés et amenés à grands frais, tout fut consumé. M. Chauveau avoit fait quantité d'ouvrages dans ce château, qui n'étoient ni reçus ni arrêtés. Quelques jours après cet accident, il fut saluer le surintendant des bâtiments, lui parlant de ces ouvrages et de ceux qu'il falloit refaire. M. de Tessin, l'interrompant, lui dit : « Mon- » sieur, j'entends ce que vous voulez dire; l'intention du Roy et la mienne » est que le malheur qui vient d'arriver ne retombe point sur vous. Vous ne » perdrez rien ; j'ai tout vu ; qu'il vous suffise ; faites votre mémoire, afin » que je l'arrête et que vous soyez payé. » M. Chauveau fut d'autant plus surpris de l'entendre parler de cette façon, que depuis long-temps ce sei- gneur étoit à sa maison de campagne; il n'étoit même revenu qu'à l'occa- sion du feu, de sorte qu'il y avoit beaucoup d'ouvrages qu'il n'avoit pu voir. Ce que lui ayant représenté : « Monsieur », reprit le baron de Tessin, « je le répète, il suffit de vous avoir dit que j'ai tout vu, pour vous faire » connoître combien je vous estime homme d'honneur. Le Roy veut que vous » soyez payé de tout. » Effectivement il le fut peu de temps après, et reçut plus de quatre à cinq mille livres qu'il avoit cru perdues.

De ce feu du château de Stockolm, il arriva une chose très extraordi- naire, qui pourroit faire croire que quelque phénomène l'avoit produit. Il s'éleva du milieu de l'incendie une traînée de flammes en forme d'arc-en- ciel, qui fut se rabattre dans une île à plus de deux lieues de Stockholm, sur une maladrerie qu'elle consuma entièrement avec tous ceux qui y étoient; il ne fut pas possible d'y rien sauver.

On ne peut non plus passer sous silence ce qui arriva à peu près dans le même temps. Pendant plus de six semaines sans discontinuer, l'on voyoit à Stockolm un météore charmant dans le ciel. C'étoient cinq soleils; ils paroissoient depuis le lever du soleil jusqu'à son coucher; pendant tout le temps qu'ils parurent, le ciel fut toujours serein, sans brouillard ni au- cun nuage, et le firmament d'un bleu céleste d'une beauté admirable. De dessus le pont des vaisseaux à Stockolm, on voyoit, après l'aurore, pre- mièrement un soleil se lever, mais plus petit que le véritable; ensuite paroissoient trois autres soleils, et enfin le cinquième. Celui du milieu

pattes de devant, le serrant de toute sa force; la suite du Roy arriva et acheva de tuer l'ours pour lui faire lâcher prise. Le Roy se trouva mal d'avoir été si fort serré; mais, comme il craignoit les médecins et chirurgiens à cause d'une jambe qu'on avoit été obligé de lui recasser, ayant été mal remise, il défendit de parler de cet accident, en sorte que, faute de secours à temps, il ne fit que languir jusqu'à sa mort, qui arriva cinq ou six mois après. (Pap.)

1. Le livre où sont les représentations de ce carrousel fut donné au sieur Chauveau par ordre du Roy de Suède; il est entre les mains de son fils. Ce livre est très rare; les estampes sont d'une grande beauté. (Pap.)

étoit le plus grand et le vrai soleil ; autour de lui il y avoit un cercle qui passoit au milieu des quatre petits soleils, lesquels étoient situés dans l'intersection de deux moitiés de cercles en forme d'arcs-en-ciel, qui se croisoient, traversoient concentriquement le grand soleil, et paroissoient embrasser tout l'hémisphère. Les couleurs de tous ces cercles ou arcs-en-ciel étoient d'une vivacité, d'un brillant et d'une beauté sans pareils. Telle étoit la figure de cet admirable parélie [1].

Ce qui étoit particulier, c'est qu'à Droningholm, qui n'est qu'à deux lieues de Stockolm, le sieur Evrard Chauveau, lequel étoit dans ce château, assure que l'on n'y voyoit que trois soleils : cependant il les vit tous les cinq de Stockolm, y étant venu exprès pour les voir. M. le comte Davaux [2], qui étoit encore à Stockolm, n'a pas manqué certainement de parler de ce parélie dans ses Mémoires ; il est fâcheux qu'on les laisse manuscrits, et qu'on n'en fasse pas présent au public, car il y a dedans quantité de faits curieux.

M. Chauveau, ayant été sept années en Suède, songea à quitter ce pays, à cause de la guerre, qu'il voyoit très échauffée ; il demanda son congé pour faire un voyage en Italie. Après avoir été saluer et prendre congé des seigneurs de la cour, il partit le 20 août 1700, vieux style. Il rencontra dans le pays de Schone M. Klinkonstrom, favori de Charles XII, qui alloit exécuter quelques ordres de son maître ; il l'accompagna dans le passage du Sund, ou détroit de la mer Baltique. A cet endroit, ils approchèrent d'un vaisseau, et dans ce moment M. Klinkonstrom lui dit à l'oreille : « Soyez discret et me suivez. » Ils montèrent à bord de ce vaisseau. Le favori, l'ayant laissé quelque temps sur le tillac, revint le prendre et le conduisit à la chambre de poupe, où il le présenta au Roy de Suède, lequel y étoit incognito : ayant voulu voir notre sculpteur, il avoit commandé à M. Klinkonstrom de le joindre et de le lui amener à ce vaisseau comme par cas fortuit. Ce prince reçut M. Chauveau très gracieusement ; il lui dit que, sans la guerre qui l'occupoit, il ne le laisseroit pas partir ; l'embrassa ensuite, lorsqu'il voulut mettre un genou en terre pour le remercier de toutes ses bontés, en lui souhaitant un heureux voyage, et lui recommandant de céler cette entrevue jusqu'à son arrivée en Italie ; ensuite il lui fit présent de deux médailles d'or, lui fit donner une bourse de cent pistoles, et le congédia.

M. Chauveau ne put s'empêcher d'avoir du chagrin d'être contraint de

---

1. On en avoit vu un à Rome en 1629, à peu près semblable à celui-ci.—Note de Papillon, qui donne du parhélie une assez mauvaise figure, que nous n'avons pas cru devoir reproduire, préférant renvoyer pour l'explication de ce phénomène à Kaemtz, Météorologie, trad. par Martins, Paris, 1843, in-12, p. 437-40, et aux Comptes-rendus de l'Académie des sciences, tome VI, p. 373 et 501, art. d'Arago. (Ed.)

2. Jean Antoine, comte d'Avaux, né en 1640, mort à Paris en 1709, plénipotentiaire au congrès de Nimègue en 1672, puis ambassadeur en Hollande et à Londres. Son ambassade en Suède est de 1693. (Ed.)

quitter ce généreux monarque ; il l'avoit vu très petit quand il arriva en Suède, et venoit de le voir plus grand que lui de toute la tête [1]. Ce prince étoit infatigable ; aussi Charles XI l'avoit accoutumé à la fatigue dès sa tendre jeunesse. A l'âge de cinq à six ans, il couchoit déjà tout botté pendant la nuit entre deux peaux d'ours ; à quatre ou cinq heures du matin, il montoit à cheval pour commencer tous ses exercices. Etant devenu plus grand, son gouverneur [2], qui l'adoroit à cause de ses grandes qualités (car il étoit bon et affable, d'une pâte à tout faire, et l'esprit prompt à concevoir), lui apprenoit tous les jours régulièrement de quelle manière se formoient les attaques, et que l'on prenoit les villes, et comme il falloit attaquer un camp. Un jour qu'il lui montroit à donner une bataille, il lui fit prendre un corps de cavalerie et il en prit un de son côté ; s'étant disposés au combat l'un et l'autre, le prince oublia d'ôter la baguette de son pistolet après l'avoir bourré ; comme malheureusement ces exercices se faisoient toujours en tirant les armes à feu avec de la poudre, en abordant son gouverneur à la tête de son escadron, pour commencer l'action par faire ensemble le coup de pistolet, il le tua tout roide sur la place. Ce jeune prince, qui aimoit passionnément son gouverneur et ne le quittoit jamais, parcequ'il trouvoit en lui de quoi rassasier son humeur guerrière, fut si pénétré de douleur de lui avoir donné la mort, que, dans son désespoir, il se seroit tué lui-même, si on ne l'eût pas embrassé pour le retenir. Etant monté sur le trône, il arriva un accident à son couronnement, qu'on regarda comme un mauvais présage. C'est la coutume que l'archevêque d'Upsal mette la couronne sur la tête du nouveau Roy, tandis que des sénateurs lui présentent l'épée et le bâton royal. Charles XII, qui étoit très vif, prit lui-même la couronne, et la mit sur sa tête, disant qu'il croyoit bien que personne ne vouloit la lui disputer ; ayant pris de même l'épée et le bâton royal, se mettant en devoir de monter à cheval pour faire sa cavalcade suivant la coutume, sa couronne tomba de dessus sa tête.

Au commencement de son règne, incité à la débauche par de jeunes seigneurs de son âge, entre autres par le duc d'Holstein, qui avoit épousé sa sœur aînée, il eut quelques aventures singulières. Un jour de fête, avec ce duc et un de ses pages (c'étoit son favori [3] dont on a parlé ci-devant), ils furent sur le bord du lac attendre tous ceux qui passoient l'eau en revenant d'une île où le peuple s'étoit allé divertir, et les jetoient dans l'eau à mesure qu'ils arrivoient. Le Roy cependant, qui étoit d'une générosité sans pareille, ayant vu un homme en danger de se noyer, se jeta aussitôt dans le lac, et en nageant le poussa à bord ; il fut ensuite, tout mouillé

---

1. Le sieur Chauveau étoit d'une taille ordinaire, ayant cinq pieds deux pouces. (Pap.)

2. Il s'appeloit, je crois, Monsieur Nordkopens

3. Clinkonstrom. (Note manuscrite de Pap.)

qu'il étoit, recommencer son jeu avec les autres. Par hasard, trois sculpteurs et peintres françois étoient à l'autre bord du lac ; s'étant aperçus de
ce qui se passoit à celui-ci, ils rebroussèrent plus haut pour passer le lac
dans un autre endroit ; le duc de Holstein les fit remarquer au Roy, et
l'engagea à remonter aussi. Nos François, voyant leurs démarches sans
les connoître, s'en furent encore plus loin pour les éviter ; enfin, lassés
d'être toujours suivis, un des trois, nommé Fouquet, dit aux deux autres :
« Parbleu, passons ; ils ne sont peut-être pas plus braves que nous. » En
arrivant, ses deux camarades furent jetés dans l'eau ; Fouquet, qui étoit
resté le dernier dans le petit yacht qui les passoit, voyant cela, sauta lui-
même dans l'eau l'épée à la main. Les deux autres se relevèrent, et, ayant
pareillement mis l'épée à la main, ils se battirent contre leurs agresseurs
pendant plus d'une demi-heure, les firent reculer du bord du lac, et sor-
tirent de l'eau. Le Roy, qui avoit affaire à Fouquet, échauffé et fatigué de
l'assaut et de tous les mouvements qu'il s'étoit donnés, releva son cha-
peau, qu'il avoit sur le nez pour n'être point connu ; alors Fouquet, l'ayant
envisagé, s'écria tout étonné à ses camarades : « C'est le Roy. » Ils se mirent tous à fuir. Ceci se passoit dans le parc où ils étoient venus en se
battant. Le duc de Holstein vouloit les poursuivre ; le Roy l'en empêcha,
disant : « En voilà assez, retirons-nous. » Ce combat fut bientôt su ; tous
les François s'attendoient à être égorgés. Le lendemain, on tint conseil
chez le Roy ; comme on y parloit beaucoup de ce combat, et que l'on disoit qu'il falloit faire des perquisitions de cette affaire, ce prince entra et
défendit d'en faire aucune information : « Messieurs », dit-il, « nous avons
» plus de tort qu'eux. C'est nous qui les avons attaqués ; ce sont tels et tels
» que j'estime infiniment, d'autant plus qu'ils m'ont fait connoître, après
» avoir évité le combat autant qu'il a été en eux, qu'ils ne nous connois-
» soient pas et qu'ils sont braves. Ainsi je veux qu'on les avertisse de ma
» part de ne rien craindre ; qu'on leur dise que je les estime beaucoup, et
» que je leur enjoins de ne parler à personne de cette aventure.» Cet ordre,
exécuté ponctuellement, les rassura.

Ce Fouquet, contre lequel le Roy s'étoit battu, demanda par la suite à
ce prince l'honneur d'entrer dans ses drabants[1]. Le Roy lui répondit avec
bonté qu'il auroit voulu pouvoir lui accorder sa demande, mais que, depuis la mort du grand Gustave, on avoit fait une loi qui défendoit d'y recevoir des étrangers ; qu'à la place il lui offroit une compagnie dans tel
régiment qu'il voudroit, et seroit charmé de l'avoir dans ses troupes. Le
sieur Fouquet, en remerciant ce prince, lui répondit : « Sire, je ne deman-
» dois à entrer dans les drabants que pour défendre Votre Majesté au péril
» de ma vie », et il se retira. Ayant depuis eu du service en Danemarck,
il eut le malheur d'avoir une affaire avec un officier qu'il tua, ce qui l'obligea de repasser en France, où il a servi Louis XIV, dans les dernières

1. Ce sont ceux qui composent la garde du Roy de Suède. (P.p.)

guerres, en qualité de capitaine-ingénieur. Ayant été blessé au bras droit en posant une sentinelle dans une guérite où personne ne vouloit aller , il fut contraint de postuler une place aux Invalides, quand on le fit capitaine des portes à l'Isle (*sic*).

Un autre jour, le roy de Suède, avec son frère et le même page , courant à toute bride dans des lieux escarpés , ils furent subitement arrêtés par un précipice entre deux montagnes. Le duc de Holstein, se tournant du côté du Roy , lui dit : « Sire , je parie franchir ce pas. » Ce prince lui répondit : « Vous n'en aurez pas l'honneur le premier », et il se mettoit en devoir de le faire, sans M. Clinkonstrom, lequel se mit au devant et lui fit connoître le danger où il s'exposoit [1]. Une autre fois, Charles XII étant arrivé incognito à une poste pour avoir un renne pour attacher à sa chaise , suivi seulement d'un seigneur qu'il avoit laissé bien loin derrière lui , il trouva qu'il n'y en avoit plus qu'un, qu'un gentilhomme attachoit à sa chaise. Le Roy voulant avoir le renne , le gentilhomme ne voulut pas le lui céder ; des paroles ils en vinrent aux coups de poing, et se terrassèrent. Sur ces entrefaites, le seigneur qui suivoit le Roy arriva en criant : « C'est » le Roy, c'est le Roy. » Le gentilhomme, étonné, ayant reconnu ce prince , courut se mettre dans la chaise, et , fouettant le renne , en peu de temps il s'éloigna, laissant le Roy très en colère de ce qu'il n'étoit pas venu à bout de son dessein. Dans ce temps-là , quatre potentats , ses voisins , lui ayant déclaré la guerre, il leur a bien fait connoître qu'il n'étoit pas moins brave que ses ancêtres. Enfin , on peut dire que ce prince étoit intrépide dans le danger et d'une grande magnanimité.

Revenons au sieur Chauveau. Après avoir remercié le roy de Suède de toutes ses bontés et pris congé de lui , il fut débarquer à Stralsund, et arriva à Berlin avec sa femme et son fils aîné ; le surplus de sa famille étoit parti devant lui pour l'attendre en France. Il avoit des lettres de recommandation, tant de plusieurs seigneurs suédois que du comte Davaux, ce qui le fit bientôt connoître à la cour de Berlin. L'électeur lui fit proposer de lui sculpter un cabinet à Chernehouse , maison de plaisance auprès de

---

1. Depuis ce temps, ce prince n'a jamais regardé son beau-frère de bon œil ; il se dégoûta entièrement de luy et de la débauche après l'escapade qu'ils firent ensemble dans le même temps. Ayant beaucoup pris de vin, ne sachant plus ce qu'ils faisoient, ils montèrent à cheval nus comme la main, et coururent par toute la ville. Étant arrivé au palais, le Roy monta ainsi . . . .
. . . .
. . . . . . Elle luy fit des remontrances qui le touchèrent si vivement, qu'honteux de cette débauche et du resp..... luy avoir manqué, il se fit apporter sur-le-champ une bouteille de vin couverte d'osier, la (*jeta par terre*) et la cassa en présence de cette princesse, et jura que de ses jours il ne boiroit plus de vin pour se (*punir*) de l'avoir offensée si malhonnêtement, serment qu'il a toujours gardé : il ne buvoit plus que de (*l'eau ?*).—Cette note manuscrite de Papillon doit au couteau d'un relieur négligent d'être incomplète. (Ed.)

Berlin[1]. Il fit ce cabinet en six semaines ; son Altesse électorale lui envoya dans une bourse 3,000 livres pour cet ouvrage, et le fit prier de rester pour travailler à son salon à Berlin. M. Chauveau, étant venu le remercier, lui remontra qu'ayant quitté la cour de Suède pour aller en Italie, il
ne pouvoit rester plus long-temps sans se brouiller entièrement avec elle ;
c'est pourquoi il le supplia de vouloir bien lui donner son congé, ce que
ce prince lui accorda à regret. Il continua donc son chemin, non pas pour
aller en Italie, suivant sa première intention, mais pour revenir en France :
car il sentoit l'incommodité qu'un voyageur ressent de mener avec lui une
femme malade ou toujours craintive des accidents qui peuvent arriver dans
un voyage. D'ailleurs, comme elle avoit fait une fausse couche à Berlin,
cela le détermina à revenir dans sa patrie. Il fit fort heureusement le reste
du voyage, et arriva en France à la fin de décembre 1700. Il fut d'abord
saluer M. Mansard[2], premier architecte du Roy ; il en fut bien reçu, ainsi
que de M. Colbert, archevêque de Rouen, lequel recommença aussitôt à
l'occuper dans ses bâtiments. Ce prélat aimoit extraordinairement à faire
bâtir, et encore plus la musique. En 1705, quand le Roy demanda au cler-
gé un don gratuit, il fut le premier à déclarer qu'il donneroit les quarante
mille livres qu'il dépensoit toutes les années à ses bâtiments, et conserva
toujours ses musiciens.

M. Chauveau travailla ensuite à Roissy en Brie pour M. le comte Davaux,
lequel étoit de retour en France. Entre autres ouvrages, il y a sculpté un
beau fronton, au bout de l'orangerie, où il a représenté toutes les éminen-
tes qualités de ce seigneur, et deux autres frontons, l'un représentant
l'Amour divin, et l'autre l'Amour profane. C'est à un de ceux-ci que M.
l'abbé de Mesmes, étant monté sur l'échafaud du sieur Chauveau avec le
père Dupuis, cordelier[3], qui étoit bon peintre, ayant vu le comte Davaux
dans l'appartement, il lui cria en sautant sur cet échafaud : « Je ne crains
» rien. » Il n'eut pas achevé la parole, qu'il fit encore un autre saut, lequel
rompit le boulin du milieu de l'échafaud. Le pauvre père Dupuis tomba à

1. Il doit s'agir de Schœnhausen, château de plaisance bâti à un mille de Berlin par
l'électeur Frédéric Ier, qui y demeuroit souvent. La description de Berlin par Frédéric Nicolaï, 1739, p. 485, parle du château, mais sans indiquer la part qu'y a prise René
Chauveau. (Ed.)

2. Jules Hardouin, neveu de François Mansard. (Ed.)

3. M. l'abbé du Bos, ami de ce Père, m'a dit qu'il fut à Roissy quelques jours après
cet accident, et que l'on étoit si persuadé de la probité de ce religieux, qu'on lui avoit
permis de quitter l'habit de son ordre pour passer en Angleterre, où il fut pendant
quelque temps occupé à peindre, afin d'avoir de quoi soulager son père et sa mère,
qui étoient tombés dans l'indigence. (Pap.) — Il est permis de supposer que ce Père
Dupuis, religieux et peintre, est le *P. François Dupuis minorita*, qui a signé de
cette façon le portrait en manière noire de son père, Pierre Dupuis, peintre de fleurs,
né à Montfort l'Amaury, reçu à l'Académie le 30 juin 1663, et mort le 18 février 1682,
à 74 ans. Si cela étoit, le récit de Papillon nous donneroit de nouveaux et tristes ren-
seignements sur les dernières années du peintre de fleurs. (Ed.)

cheval sur une caisse d'oranger qui lui creva le ventre , l'abbé de Mesmes
tomba sur le dos , et le fils de M. Chauveau tomba à côté de lui , et tout
l'échafaud par dessus eux. Pendant ce temps , M. Chauveau étoit resté en
équilibre sur une planche soutenue par un des boulins scellés dans le
gros mur ; il avoit l'échelle à côté de lui, et auroit pu facilement se sauver
si la tête ne lui eût pas tourné ; cette planche resta tout debout sur le cor-
don ou la première plinthe, où le sieur Chauveau donna du talon , ce qui
le fit culbuter et tomber sur la tête et les genoux. Heureusement qu'il se
ressouvint de cette planche et qu'il se releva promptement, de crainte qu'en
tombant sur lui elle ne le coupât en deux. Il en fut quitte pour se faire
saigner et prendre des lunettes , parceque cette chute lui avoit affoibli la
vue. M. l'abbé de Mesmes jetoit le sang par la bouche, par les yeux et les
narines ; il fut très long-temps à revenir. A l'égard du jeune Chauveau ,
le gros ventre de l'abbé de Mesmes le sauva ; il ne lui en coûta qu'une sai-
gnée. Ce jeune homme , qui étoit l'aîné des fils de M. Chauveau , s'il eût
vécu, seroit devenu habile sculpteur ; il est mort à dix-neuf ans. Les médecins ont attribué sa mort à cette chute, quoique long-temps après. C'est
dans ce château de Roissy [1] qu'est née ma femme, la plus jeune des filles de
M. Chauveau [2] ; elle a trois sœurs, mariées et établies à Paris.

En 1705 et 1706 , il fit les figures de saint Etienne et de sainte Gene-
viève qui sont sur le maître-autel de Saint-Etienne-du-Mont[3]. Il fit aussi
dans le même temps les plans et les desseins pour la décoration totale de
toute la chapelle de Saint-Luc, ci-devant église paroissiale de Saint-Sym-
phorien. Il en exécuta la gloire ; le tableau de l'autel, qui n'est qu'un dessein, est de M. Elie. Les figures de saint Luc et de saint Jean sont de M.
Le Pautre et de M. Voiriot ; tout le surplus de la décoration est peint, sculpté et doré par différents maîtres de l'Académie de Saint-Luc.

Bien des gens ont attribué ces plans et décorations à M. Oppenort, ar-

1. Le château de Roissy, situé près de celui de Combault , et autrefois dépendant
de Lagny, est maintenant dans le canton de Tournan. Heurtaut et Magny (*Dictionnaire de Paris*, IV, 249) disent que l'ancien château a subsisté jusqu'en 1704 ,
époque à laquelle le comte d'Avaux le fit abattre pour le remplacer par celui auquel
Chauveau a travaillé, et qui n'étoit pas entièrement achevé à sa mort, à la suite de
laquelle il fut acheté, en 1713, par la marquise de la Carte. Des mémoires anonymes
et encore inédits sur la régence en parlent ainsi , au mois de décembre 1719 : « M.
» Lass paye un million à M. le marquis de la Carte , pour la terre et seigneurie de
» Roissy en Brie. » Mais la déconfiture de Law empêcha peut-être le marché d'être
exécuté. Nous ajouterons que le château existe encore aujourd'hui. (Ed.)

2. « Cette même année 1723 qu'étoit mort mon père, j'épousai, le 22 septembre, Ma-
» demoiselle Charlotte-Thérèse Chauveau, la plus jeune des filles qu'avoit eu M. Chau-
» veau. » Papillon, éd. in-8°, supplément au tome II, p. 15 ; et plus loin, p. 34 : « En
» 1741, ma chère femme Chauveau mourut le 8 septembre, âgée de 37 ans. J'eus beau-
» coup de chagrin de sa mort ; cependant, le 7 novembre 1742, je fus marié en secondes
» noces à Marianne Rouillon, fille d'un marchand bonnetier, actuellement vivante, grâce
» à Dieu. » (Ed.)

3. Cf. d'Argenville, *Voyage pittoresque de Paris*, in-12, 1778, p. 276.

chitecte de Monseigneur le duc d'Orléans, régent. L'architecture, sculpture et peinture du retable d'autel, sont liées ensemble, sans bordure enfermant le tableau de l'autel, ce qui fait un fort bel effet. M. Chauveau le fit pour faire voir que ces trois arts, qui sont enfants du dessein, font un objet fort agréable quand ils sont mariés ensemble par gens entendus [1].

M. le maréchal d'Harcourt, ayant vu M. Chauveau chez M. l'archevêque de Rouen, employa aussi ce sculpteur à son château d'Harcourt; de plus, il lui fit faire le tombeau de M. le marquis de Beuvron, son père, à la Meilleraye, près de Rouen. En même tems il fit plusieurs sculptures à Ecouy, au dessus des Andelis, chez madame Paviot, veuve du procureur général au parlement de Rouen. Après tous ces ouvrages, il revint à Paris et eut le malheur de voir mourir sa femme d'une fausse couche. Il travailla alors aux baldaquins des Bains d'Apollon, dans le parc de Versailles [2], et, à la chapelle royale du château, conjointement avec M. Le Pautre, aux chapelles du Saint-Sacrement et de Sainte-Thérèse. Il a fait le modèle du bas-relief en plâtre représentant la mort de cette sainte, pour le coffre d'autel de ladite chapelle. Louis XIV l'a admiré; cependant, à présent que l'on veut exécuter en bronze la plupart de tous ces bas-reliefs, qui ne sont qu'en plâtre, on a distribué celui-ci à un nouveau sculpteur [3], qui en change toute la composition. Le modèle en cire, sur lequel le plâtre a été moulé, est entre les mains de mon beau-frère; c'est un des plus beaux morceaux que l'on puisse voir; un de ces jours je le graverai, avec quantité de morceaux que ce grand homme a faits, tant en France qu'en Suède.

M. Le Clerc a gravé quelques morceaux de la composition de René Chauveau, que ce sculpteur a fait exécuter; entre autres, le catafalque ou mausolée de la reine de Suède, mère de Charles XII, lequel a paru

1. Ces deux alinéas sont manuscrits et écrits sur une feuille de papier intercalée. Papillon avoit écrit *étendus*; nous avons corrigé : *entendus*. (Ed.)

2. Les trois groupes qui forment l'ensemble connu sous le nom de Bains d'Apollon furent d'abord placés dans la fameuse Grotte; à sa destruction, ils furent transportés dans le bosquet des Dômes, et de là, postérieurement à 1701, dans le bosquet du Marais ou du Chène-Vert, qui prit alors le nom de Bains d'Apollon; c'est là que furent élevés les baldaquins. On les peut voir dans le tableau de Martin, conservé au Musée de Versailles, rez-de-chaussée, salle n° 39, et catalogué par M. Eudore Soulié dans son excellent livret, sous le n° 749, comme aussi dans la gravure de Jean Rigaud (n° 2099 du livret de la Calcographie). « Ces trois groupes », dit Piganiol (Desc. de Vers., 1751, II, 194), « sont couverts par autant de baldaquins, d'où pend une campane, portée » par des colonnes. Ces baldaquins sont de métal doré, et, quoique magnifiques, ils » ne répondent pas à l'excellence d'un ouvrage qui mériteroit d'en avoir de diamants. » La sculpture est de Magnier, Le Moine, Fremin et plusieurs autres. » On en conserve, dans les magasins du Musée de Versailles, une très petite réduction, en pâte dorée, malheureusement très mutilée. Ils subsistèrent jusqu'en 1775, époque où Louis XVI fit arranger les groupes par Hubert Robert de la façon que nous voyons encore. (Ed.)

3. C'est Vinache qui en fut chargé, et l'on peut voir encore son bas-relief dans la chapelle de Versailles. (Ed.)

comme étant de la composition de M. de Tessin [1] ; plus les plafonds de la salle et de la chambre du lit d'un hôtel que ce même seigneur a fait bâtir à Stockolm [2]. Tous les ornements de ces plafonds ont été peints par Evrard Chauveau, et les figures par un Italien. Il est facile de reconnoître dans ces estampes le goût et la belle composition de notre sculpteur. M. Le Clerc les a gravées sur les desseins mis au net par l'inventeur; ils lui furent envoyés de Suède; mon beau-frère en a plusieurs esquisses.

En 1709, le Roy fit venir M. Chauveau dans son cabinet, et lui donna ordre de lui faire une bordure disposée d'une telle façon qu'elle pût renfermer quatre petits tableaux ronds, chacun d'environ deux à trois pouces de diamètre, représentant les quatre saisons, peintes d'une précision et d'une beauté admirables. M. Chauveau a fait une pièce excellente de cette bordure. Il a pris pour sujet principal le soleil qui étoit la devise du Roy, sous la figure d'Apollon, et a mis ce dieu au milieu des quatre saisons ou tableaux, comme présidant sur elles; chaque tableau est entouré d'ornemens et d'attributs convenables, tels que des fleurs pour le printems, des épics de blé pour l'été, et ainsi des autres; tout cela entrelassé avec art, une délicatesse sans pareille, et d'un seul morceau. Ce dessein projeté, il le présenta à Sa Majesté, qui lui dit de le faire exécuter. Après l'avoir moulé et fait jeter en bronze, il le fit réparer par un habile cizeleur et dorer d'or moulu. Le Roy en fut si content qu'il lui commanda de faire la même bordure une seconde fois pour de belles copies que ce monarque avoit fait faire de ces tableaux, et le récompensa royalement.

M. Chauveau étoit dans ce tems-là au château d'Harcourt, où il étoit retourné après avoir fini les ouvrages de la chapelle du château de Versailles. Il étoit près d'achever à Harcourt, quand il reçut une lettre de madame la maréchale d'Harcourt, qui lui mandoit expressément de tout quitter et de partir sur-le-champ pour aller trouver M. le duc de Coaslin, évêque de Metz, à son château de Frescati [3], qu'il vouloit faire recon-

---

1. Voyez le Catalogue de Leclerc, par Jombert, n° 261, tome II, p. 127-8; gravé en 1697. (Ed.)

2. Ibidem, n° 268, tome II, p. 136-7; gravés en 1700. (Ed.)

3. Frescati est sur la rive gauche de la Moselle, dans la plaine du Sablon, à 6 kilomètres de Metz, commune de Moulins-lès-Metz. C'est dans l'année désastreuse de 1709 que, pour donner du travail aux pauvres, M. de Coislin fit commencer ce château. M. Emile Begin, à qui nous devons les meilleurs éléments de cette note, nous communique ce passage, extrait d'un mémoire manuscrit sur Metz par D. Séb. Dieudonné : « Le château et les jardins de Frescati ont coûté plus de douze cent mille livres » à Coislin. Le château fut bâti sous l'appareil du sieur Louis père, l'orangerie et la » basse cour par Louis fils. » Ce Louis fils, dont le travail est nécessairement postérieur, est le fameux architecte qui fit plus tard le Palais-Royal et le théâtre de Bordeaux. Nous ajouterons que Frescati étoit construit en pierre de Cervigny. D'une sorte de devis manuscrit, conservé aux archives de Metz, il résulteroit que, de face, le château étoit percé de seize baies de fenêtres, et, sur les côtés, de cinq; qu'on y arrivoit par un perron de sept marches, en marbre de Vérone, régnant autour du bâtiment; que

struire, et qu'il reviendroit, après cet ouvrage, finir à Harcourt. M. le
maréchal de ce nom et feu M. de Coste (*sic*), premier architecte du Roy,
avoient parlé de lui si avantageusement à ce prélat, qu'il s'étoit déterminé
à suivre leur conseil et à lui donner la conduite de cette entreprise. On
peut dire, à la louange de la maison d'Harcourt, qu'elle a toujours été très
affectionnée à protéger notre sculpteur et toute sa famille. Il a été huit
années à faire les ouvrages de Frescaty; ensuite il a travaillé au grand
salon à Saverne[1], chez M. le cardinal de Rohan, après avoir été achever
les ouvrages du château d'Harcourt. Enfin, de retour à Paris en 1720,
madame la maréchale d'Harcourt lui donna la connoissance de M. le marquis de Torcy, pour qui il a fait plusieurs desseins pour son château de
Sablé, qu'il auroit exécutés si la mort n'eût arrêté et fini ses jours le 5
juillet 1722, âgé de cinquante-neuf ans trois mois[2].

Cet habile architecte et sculpteur étoit un des plus grands génies de son
siècle et des plus prompts à l'exécution, ce qu'il avoit hérité de son père.
Il étoit si infatigable qu'après avoir quitté l'ouvrage, en attendant le repas, il modeloit ou dessinoit toujours quelque chose de nouveau; il se ré-
veilloit la plupart des nuits en sursaut, et se levoit pour tracer sur le papier les idées qui lui venoient, même en rêvant. Son plus grand plaisir
étoit de prendre une ardoise, et dessinoit et composoit des sujets dessus;

la rampe en fer forgé de l'escalier d'honneur avoit été travaillée à Metz, sur les dessins de M. de Cournoil; que la cage de cet escalier étoit décorée d'attributs épisco-
paux; que la chapelle avoit une coupole peinte et des sculptures en marbre; enfin
que l'un des bassins présentoit un Neptune de bronze menaçant du trident un quadrige
de chevaux fougueux. Nous avons évidemment là l'indication de quelques uns des travaux faits par Chauveau, qui a dû surtout s'employer à la décoration du parc, beaucoup plus riche en statues et en ouvrages de sculpture que ne paroît l'avoir été le
château. Depuis M. de Coislin, Frescati appartint à trois ou quatre propriétaires, parmi lesquels la famille d'Ourches, et, en dernier lieu, la famille de Bouchotte, frère du
ministre de la guerre sous la République. Depuis 1802, le château a été complète-
ment détruit, et remplacé plus tard par un château moderne. (Ed.)

1. Sur Saverne, voyez la notice du sculpteur Robert le Lorrain dans le second volume des Mémoires sur les Académiciens, II, p. 210-30, et même tome, p. 33. (Ed.)

2. Voici la version différente qu'en a donnée Papillon dans sa notice anonyme du
Dictionnaire de Moréri; comme elle est plus complète, il est à croire qu'elle est la
meilleure : « .....Chauveau a fait encore quelque chose au château de Sablé, chez
» M. le marquis de Torcy. Celui-ci, bien différent de M. l'évêque de Metz, qui le
» payoit par bourse sans faire de marché préfix, demanda à deux différentes fois à
» Chauveau combien il vouloit gagner par jour. L'habile sculpteur, choqué d'une
» question qui répondoit si peu à la manière dont ceux qui avoient coutume de l'em-
» ployer récompensoient ses talents, quitta l'ouvrage et le château sans rien répon-
» dre. Il vint tout de suite à Paris. La fatigue de ce voyage, qu'il fit à pied, le désa-
» grément qu'il venoit d'essuyer et le chagrin que lui donnoit la perte de son argent
» comptant qu'il avoit converti en billets de banque » — c'est-à-dire en billets de la
compagnie de Law — « lui causèrent une maladie dont il mourut en peu de jours, le
» 5 juillet 1722, âgé de 59 ans et 3 mois. » (Ed.)

il demandoit à son fils, qui étoit toujours derrière lui à l'examiner, son sentiment sur ce qu'il faisoit, et vouloit qu'il le déclarât franchement. Fort souvent il effaçoit ce qu'il venoit de faire, pour recommencer le même sujet tout différemment; il a beaucoup dessiné pour les peintres et pour quelques architectes de ses amis. M. l'évêque de Metz, qui l'aimoit et l'estimoit infiniment, le payoit toujours généreusement par une bourse d'une valeur au delà de ce qu'il auroit pu exiger; il ne pouvoit non plus s'empêcher de lui représenter qu'il étoit trop laborieux et qu'il ruinoit son tempérament. Véritablement il travailloit ordinairement depuis l'aube du jour jusqu'à son extrémité, sans aucun relâche que pour prendre ses repas et dormir sur un siége environ une heure après le dîner. Son fils René-Bonaventure Chauveau, qu'il avoit élevé dans l'architecture et dans la sculpture, l'accompagnoit partout; ils étoient liés par un amour si tendre, qu'ils ne pouvoient se quitter, ce qui faisoit dire à M. le duc de Coaslin que c'étoit le mari et la femme. Ce fils est veuf depuis quelques années; il avoit épousé la fille d'un de ses confrères, de la famille des Frémiot, famille illustre par le nom d'André Frémiot, patriarche, ancien archevêque de Bourges, et par madame de Chantal, fondatrice des Filles de Sainte-Marie.

PIÈCES

RELATIVES

A LA FAMILLE CHAUVEAU

EXTRAITES DES REGISTRES DE L'ÉTAT CIVIL

CONSERVÉS

AUX ARCHIVES DE L'HOTEL-DE-VILLE DE PARIS.

I.

Ledict jour (dimanche dis neuviesme juin 1610) fut baptisé Jehan, filz de M. Lubin Chauveau, secrétaire de la chambre du Roy, trésorier et payeur de la gendarmerye de France, et de Marguerite de Fleurs. Parrain, noble homme, Mre Jean Goulas, conseiller du roy, trésorier général ordinaire des guerres, seigneur de la Mothe; marraine, dame Lucresse Grangier, veufve de feu Mre François Hotman, vivant seigneur de Mortfontaine, conseiller du roy en ses conseilz d'état et privé, et son ambassadeur en Suisse et Grisons. Rue de Jouy. — *Signé* Roualle. (Registres de S.-Paul.)

II.

Sabmedi unze (may 1613) fut baptisé François, fils de Me Lubin Chauveau, trésorier et payeur de la gendarmerye du roy, et de demoiselle Marguerite de Fleurs, rue des Barres. Parain, Me François Hottman, conseiller du roy en sa court du Parlement, abbé comendatair des abbayes de S.-Mard (*sic, pour* S.-Médard) lès Soissons et Cherbourg; marainne, Geneviefve Goullas, fille. — *Signé* Boucher. (Registres de S -Paul.)

III.

Cedict jour (dimenche dix-neufiesme octobre 1614) fut baptisé Loys, filz de Me Lubin Chauveau, payeur de la gendarmerye du roy, et de Margueritte de Fleurs, rue des Faulconniers. Parain, noble homme Loys Ribaudon.....; marraine, Jacqueline Brisebarre.....—*Signé* Boucher. (Registres de S.-Paul.)

IV.

(Nous donnons l'acte suivant, qui ne se rapporte qu'à une parente de François Chauveau, parcequ'on y voit comme témoins la même nature de personnes que dans les actes précédents, tandis que, dans le mariage de Chauveau, nous ne verrons figurer que des étrangers :)

Le lundi vingt-quatriesme jour dudit mois (juillet 1651) furent espousez, avec les solennitez requises, Me Louis Le Roy, de la paroisse S.-Sulpice, et damoiselle Anne Chauveau, de ceste paroisse, assistez de Me Gabriel Le Roy, frère dudit sieur, Me Goulas, conseiller du roy en ses conseils, et Me Fromond, aussi conseiller, M. et madame Chauveau, père et mère de ladite damoiselle. - *Signé* Le Roy, Anne Chauveau, Catherine le Dannoys, Le Roy, Hardouin Chauveau, Catherine Chauveau. (Registres de S.-Severin.)

V.

Le jeudy huitième (febvrier 1652), les fiançailles faites le jour précédent, trois bans publiés d'une part et de l'autre, le certificat de M. le vicaire de Saint-Severin pour un, avec la dispense des deus autres en date du septième dudit mois, signé Du Saussay, ont été mariés François Chauveau, demeurant rue de la Vieille-Bouclerie, et Margueritte Roger, demeurante rue S.-Paul; ledit Chauveau assisté de Pierre Fortin et de Mtre Louis Arondel, pbre et bachelier en théologie; et ladite Roger assistée de Simon Roger, son perre, et de Simon Roger, son frère, et de Jacques le Begue et de Claude le Baigue, ses amis, lesquels ont signé. — *Signé* François Chauveau, Marguerite Roger, Fortin, Simon Rogé, Simon Rogé, Jacques le Begue. (Registres de S.-Paul.)

VI.

Le mesme jour (dimanche 16 aoust 1654) fut batisé Michel, fils de François Chauveau, graveur, et de Marguerite Roger, sa femme. Le parrin messire Michel de Marolles, conseiller, ausmosnier du roy et abbé de Villeloin, lequel a imposé le nom; la mareinne damoiselle Marguerite Accart, fille de M. Acart, conseiller du roy et substitut de son procureur général. — *Signé* De Heu. (Registres de S.-Severin.)

VII.

Le dimanche vingt-septiesme dudit mois (aoust 1656) fut baptizé Louis-Charles, fils de François Chauveau, desinateur, et de Margueritte Roger, sa femme. Le parin, noble homme Mtre Charles de Barallis, conseiller du roy, docteur régent de la Faculté de médecine à Paris, et son mé-

decin ordinaire, lequel a imposé le nom; la marainne damoiselle Louise
de La Font, femme de noble homme Jacques Roussel, escuyer, sieur de
Pantubert. — *Signé* Baralis, Louise Delafout, De Hodencq (*curé*).
(Registres de S.-Severin.)

VIII.

Le mesme jour (dimanche 1er septembre 1658) fut baptisé Charles-An-
toine, fils de François Chauveau et de Margueritte Roger, sa femme. Le
parrein messire Charles Sorel, conseiller du roy, le premier historiogra-
phe de France, lequel a imposé le nom; la mareine, dame Margueritte
Moriz, femme de Me Belles, seigneur de Mignaux. — *Signé* F. Fournel.
(Registres de S.-Severin.)

IX.

Le lundy dix-neufiesme jour dudict mois (janvier 1660) fust baptizé
Evrard, fils de François Chauveau, graveur, et de Margueritte Roger, sa
femme. Le parrein Charles le Brun, bourgeois de Paris, lequel a imposé
le nom; la marreine, Anne-Marie Jabar [1]. — *Signé* F. de Hodencq.
(Registres de Saint-Severin.)

X.

Le lundy 2 d'avril 1663 fut baptizé René, fils de François Chauveaux et
de Margueritte Roger, sa femme, né le jour précédent, et tenu sur les
fonts par René Cousinet, marchand orphèvre, et par Edmée Verrien [2].
(Registres de Saint-Etienne du-Mont.)

XI.

Le sixiesme jour d'octobre mil six cens soixante et quatre fut baptisée
Suzanne-Marguerite, fille de Me François Chauveau, graveur, et de Mar-
guerite Roger, sa femme, née du second jour du mesme moys, dont fut
parrain Me Claude Le Febvre, peintre, et marreine damoyselle Susanne
Butais, femme de monsieur Le Brun, escuyer, premier peintre du roy.—
Signé R. Bruseau. (Registres de S.-Nicolas-du-Chardonnet.)

---

1. En se rappelant l'intimité de Le Brun avec la famille Jabach, il ne seroit pas
impossible de penser que dans ce nom, réellement écrit *Jabar*, il ne faille reconnoître celui de Jabach.

2. Sans doute femme ou fille de Nicolas Verrien, qui a gravé de si jolis chiffres
de lettres enlacées.

XII.

Le sixiesme (octobre 1665) a été baptisée Marguerite–Angélique, fille de François Chauveau, desiguateur et graveur, et de Marguerite Roger, son espouse. Le parein, Charles Patin, docteur en la Faculté de Paris ; la mareine, Gabrielle Dargonne, femme de René Cousinet, marchand orphevre. — *Signé* C. Moreau. (*Ibidem.*)

XIII.

Le premier jour d'aoust, l'an mil six cens soixante sept, fut baptisée Janne-Genevievfve, fille de François Chauveau, desiguateur, graveur en l'Academie royalle de sculpture et peinture, et de Marguerite Roger, sa femme. Furent parain, messire Jean Varin, conseiller du roy en ses conseils, intendant et ordonnateur des bâtiments de Sa Majesté, conducteur général des monnoies de France ; et marainc, damoiselle Nicole Genevievfve de Nautueil, fille de Robert de Nantueil, graveur ordinaire du roy. — *Signé* Desmazières. (*Ibidem.*)

XIV.

Le même jour (4 février 1676) a esté enterré dans la nef de cette église François Chauveau, graveur et conseiller du roy en son Academie roialle de peinture, etc., son graveur, décédé le jour précédent. Furent présens : Louis Chauveau, son fils ; Evrard Chauveau, aussy son fils, et François Chauveau, son neveu, et François Ledoyen. — *Signé* Louis Chauveau, François Chauveau, Fr. Fitas, Ledoyen. (Registres de S.-Côme.)

XV.

Le même jour (15 février 1676) a esté enterré dans cette église Margueritte Rogé, décédée du jour précédent, femme de feu Me François Chauveau, graveur du roy. Furent présens : Louis Chauveau, son fils aysné, et François Chauveau, son neveu. — *Signé* François Chauveau, Louis Chauveau. (Registres de S.-Côme.)

XVI.

Du 7 fevrier 1690, après la publication des trois bans et fiançailles faictes du futur mariage d'entre René Chauveau, sculpteur des bâtiments du roy, fils de deffunt François Chauveau, graveur ordinaire du roy et accademiste en son Academie royalle de peinture et de sculpture, et de Margueritte Roger, ses père et mère, d'une part ; et entre Catherine Cuucy, fille d'honorable homme Dominique Cuucy, ébeniste et fondeur ordinaire du roy, et de deffuncte Jeanne Gougon, ses père et mère, d'autre part, tous deux de cette paroisse ; ne s'estant point trouvé aucun empeschement, civil ny canonique, je, Pierre-Raymond Debrons, prebstre et vicaire de ceste paroisse soubsigné, après les avoir interrogés et pris leur mutuel consentement, les ay conjoncts en mariage par parole de présent, et, ayans ouis la messe, y ont receu la benediction nuptialle, le tout selon la forme prescrite par l'Eglise, et en présence de Evrard Chauveau, peintre, frère du marié, soubsigné ; de René Couzinet, marchand orphèvre à Paris, paroisse S.-Barthélemy, soubsigné ; de Mr Dominique de Cuucy, père de la mariée, soubsigné ; de Paul Gougeon, peintre des bastimens du roy, ayeul maternel de la mariée, paroisse S.-Germain-de-l'Auxerrois, soubsigné avec les mariez et nous, vicaire. — *Signé* René Chauveau, Cathrine Cuucy, E. Chauveau, P. Gougeon, Domenico Cucci, Cousinet, Debrons. (Registres de S.-Hippolyte.)

XVII.

Du 8e novembre 1670. Par moy Jean-François Boscus, prestre, docteur en théologie, vicaire de cette paroisse, sousigné, a esté baptisé René-Dominicque, né le septiesme du présent mois, du mariage de René Chauveau, sculpteur ordinaire des bâtiments du roy, et de Catherine Cuuci, ses père et mère, de cette paroisse. Ont esté ses parain et mareine, René Cousinet, marchand orfèvre, paroisse S.-Barthelemy, et damoiselle Catherine Anguier, fame de Dominicque Cuucy, ébéniste du roy. — *Signé* R. Chauveau, Cousinet, Caterine Anguier, Boscus. (*Ibidem.*)

XVIII.

Le dix-septième jour de janvier mil six cent quatre-vingt douze est née une fille du mariage de René Chauvot, sculpteur ordinaire des bâtimens du roy en sa maison des Gobelins, et de Catherine Cussy, et le dix-neufiesme du dit mois a esté baptisée par moy, prestre, et deputé par Monseigneur l'Archevêque à la conduite de cette paroisse, et a esté nommée Marie-Catherine par ses parein et mareine, qui ont esté Paul Goujon, peintre des bâtimens du roy, paroisse de S.-Germain-de-l'Auxerrois, et Marie Potel, femme de Monsieur Rafcy, de la paroisse de S.-Leu, qui ont signé : Mari Potel, René Chauveau, P. Gougeon, Lefebvre, prestre. (*Ibidem.*)

XIX.

Le jeudy cinquiesme (febvrier 1693) fut baptisé par moy, prbre soussigné, René-Bonaventure, fils de René Chauveau, sculpteur du roy, et de Catherine Cussy, sa femme, né le jour précédent, à onze heures du matin, et tenu sur les fonts par René Cousinet, bourgeois de Paris, et par Margueritte Chauveau, fille majeure, qui ont signé : Cousinet, Margoreet Chauvaeu, René Chauvau, Boyer (prêtre). (Registres de S.-Etienne-du-Mont.)

XX.

Extrait des registres de baptême de la paroisse de S.-Eloi de Roissi en France pour l'année mille sept cent quatre.

Le sixième jour du mois de juillet a esté baptisée Charlotte-Magdeleine-Thérèse, née d'hier, fille du sieur René Chauveau, maistre sculpteur, bourgeois de Paris, et à présent dans les ouvrages de Monseigneur le comte d'Avaux, à Roysi, et de damoiselle Catherine Cussy, ses père et mère legitimes ; et a eu pour son parrein Charles Gougeon, maistre sculpteur, bourgeois de Paris, paroisse de S.-Etienne-du-Mont ; et pour sa mareine damoiselle Madeleine Cussy, bourgeoise de Paris, qui ont signé.

Delivré par moi, prieur curé de Roissi, ce 2 juin 1723 : F. C. S. de Rosset. (Pièce justificative annexée au mariage de cette fille de René avec J. M. Papillon.)

XXI.

Le mesme jour (samedi 25 juillet 1705) fut inhumée, dans le cimetière des Charniers, Catherine Cussy, femme de René Chauvaux, sculpteur ordinaire, morte le jour précédent, prise rue des Postes. — *Signé* Domenico Cucci, René-Dominique Chauveau, Slodtz, J. Lalouette, Boyer (*qui est la signature du curé*). — *En marge la mention* 12 prebstres. (Registres de S.-Etienne-du-Mont.)

XXII.

(La quittance suivante est conservée aux Manuscrits de la Bibliothèque impériale :) René Chauveau, sculpteur, tant en son nom, à cause de la communauté de biens qui a esté entre luy et deffunte Catherine de Cuccy, jadis sa femme, que comme tuteur de leurs enfants mineurs, a, èsdits noms, confessé avoir eu et receu de (*en blanc*) la somme de 194 ₶ pour les derniers 6 mois de la présente année 1706, à cause de 380 ₶ de rente, constituez au proffit dudit Chauveau, sur les aydes et gabelles, le 14e janvier 1700, dont quittance. Fait et passé à Paris, ès estudes, l'an 1706, le 17e jour d'avril, après midy, et a signé.) — (La Bibliothèque possède encore la quittance du semestre suivant, en date du 4 novembre.)

XXIII.

Le jeudy vingt-sixiesme (mars 1711) fut baptisée par moy, prestre soubsigné, Antoinette, fille de Evrar Chovaux, peintre du roy, et de Margueritte de Londe, sa femme, née le jour précédent, à dix heures du matin,
rue Neuve-S.-Etienne, et tenue sur les fonds par Jean Minard, bourgeois
de Paris, et par Anne-Anthoinette Duchesne, femme de Jean-Baptiste Pi-
quel, bourgeois de Paris, lesquels ont signé : Anne-Toinons Duchesne,
E. Chauveau, Minard, Brulart, prestre. (Registres de S.-Etienne-du-Mont.)

XXIV.

(Le mariage de Jacques Chardon, âgé de trente ans, et de Magdelaine
Chauveau, fille de René Chauveau et de deffunte Catherine Cussy, âgée
de dix-neuf ans, tous deux de la paroisse S. Severin, se fit le 9 mai 1719,
en l'église de S.-Honoré, et se trouve transcrit dans les registres de S.-Se-
verin après les actes du 15. Voici l'indication sommaire des naissances
de leurs enfants : — 23 juillet 1722 : Marie-Magdelaine ; parrain, R.-B.
Chauveau; marraine, M.-C. Fremiot, fille de N. Fremiot, architecte, rue
S.-Martin. — 14 janvier 1725 : Marie-Charlotte. — 24 février 1726 : Char-
les-Etienne. — 24 avril 1727 : Bernard-René. — 22 août 1728 : Marie-
Anne; « Le parrein, Sébastien-Antoine Slodtz, sculpteur du roy, demeu-
» rant cour du Vieux-Louvre, paroisse S.-Germain-Loxaurois; la mar-
» reine, Marie-Magdeleine Falens, fille mineure de Charles Falens, pein-
» tre du roy, demeurant cour du Vieux-Louvre, susdite paroisse S.-Ger-
» main-de-Loxaurois. » — 28 septembre 1729 : Anne-Madeleine. — Leur
mère fut inhumée le 15 janvier 1748 dans la cave de la chapelle du
S.-Sacrement, en présence de Jac.-Charles Chardon, son fils, et de R.-B.
Chauveau, son frère.) — (Registres de S.-Severin.)

XXV.

(Une autre fille de René Chauveau épousa Charles-François Guérard
avant 1719; nous trouvons de leurs enfants les actes de naissance suivants,
dans lesquels la femme est appelée une fois Marie seulement, et les autres fois Marie-Catherine. — 26 février 1719 : Marie-Gabrielle. — 21 décembre 1720 : Charles-René; parrain, René-Bonaventure Chauveau. —
12 mai 1722 : Pierre-Gabriel. — 6 juillet 1723 : Jacques-Louis; parrain,
Jacques Chardon; marraine, « Elizabeth-Louise de Heuqueville, épouse
» de Pierre Gallays, graveur et marchand de taille-douce, demeurant rue
» Saint-Jacques. » — 6 novembre 1724 : François-Claude. — 3 août 1726 :
Antoine-Pierre.) — (Registres de S.-Severin.)

XXVI.

Le mardy, septième jour dudit mois (juillet 1722), René Chauveau, sculpteur des bâtimens du roy et ancien directeur de l'Académie de Saint-Luc, âgé de cinquante-neuf ans ou environ, décédé le jour d'hyer, rue du Petit-Pont, a esté inhumé dans le cimetière de cette église, en présence de Evrard Chauveau, premier peintre du roy de Suède, son frère; de René-Bonnaventure Chauveau, sculpteur, architecte du roy, son fils, et de Toussaint Bingant, marchand orfèvre; de Charles-François Guérard, marchant, et de Jacques Chardon, imprimeur-libraire, ses gendres. — *Signé* E. Chauveau, R.-B. Chauveau, T. Bingant, Guérard, J. Chardon. (Registres de S.-Severin.)

XXVII.

(Toussaint Bingant est le troisième gendre qui figure dans l'acte de décès de René Chauveau. Sa femme s'appeloit aussi Marie-Catherine. Deux filles de René portant ainsi les deux mêmes noms, il faut croire, puisque nous trouvons une fois la femme de Jacques Chardon appelée du seul nom de Marie, que les deux sœurs étoient distinguées l'une de l'autre, en ce que l'on se seroit servi pour l'une du seul nom de Marie, et pour l'autre du seul nom de Catherine. Voici les enfants que nous avons trouvés : — 30 août 1722 : Jacques; parrain, Jacques Chardon. — 14 septembre 1723 : Marie-Elizabeth; marraine, Elizabeth-Catherine Couvreur, épouse de François Meslier, fondeur, demeurant rue Saint-Antoine. — 2 décembre 1724 : Marie-Anne; parrain, Alexis Porcher, orfèvre; marraine, Marianne Massé (est-elle de la famille des Massé, ébénistes?), épouse de François Bingand, orphèvre. — 6 mars 1726 : Guillaume; « Le parrein, Me Guil-
» laume Jacob, marchand orpheuvre; la mareine, Marie-Françoise Slodtz,
» épouse de Mr Charles Fabre, demeurant au Vieux-Louvre, paroisse
» S.-Germain-de-l'Auxerrois. »—(Registres de S.-Christophe-en-la-Cité.)

XXVIII.

Le mercredy dernier jour de juin 1723, ont été fiancez René Bonaventure Chauveau, architecte, juré expert du roy et entrepreneur des bâtiments à Paris, de la paroisse de S.-Severin, fils de deffunt René Chauveau, sculpteur du roy, et de damoiselle Catherine de Cussy, ses père et mère, d'une part; et damoiselle Marie-Charlotte Fremiot[1], de cette paroisse, rue S.-Martin, fille de Nicolas Fremiot, architecte, juré expert du roy et entrepreneur des bâtiments à Paris, et de feue Marie-Louise

---

1. Marie Charlotte Frémiot est inscrite, dans les naissances de S.-Jacques la-Boucherie, à la date du 19 septembre 1701.

Leblanc, ses père et mère[1], d'autre part; et épousez le lendemain, après
la publication de trois bans, tant en cette église qu'en celle de S.-Severin,
suivant le certificat du sieur vicaire, en datte du vingt-deuxième, audit
an, signé Homo; en présence, du côté de l'épouse, de Evrard Chauveau,
peintre du roy, paroisse S.-Louis-en-l'Isle, son oncle paternel; de Toussaint Bingant, marchand orfèvre, paroisse S.-Christophe, son beau-frère;
de Charles Guérard et de Jacques Chardon, paroisse S.-Severin, rue du
Petit-Pont, ses beaux-frères; et, du côté de ladite épouse, de sondit père,
de Pierre-François Godelar, marchand, paroisse de S.-Jacques-de-la-Boucherie, son cousin maternel; de M. Claude Choüet, prestre, docteur de
Sorbonne, son cousin. — *Signé* M.-C. Fremiot, René-B. Chauveau,
E. Chauveau, F. Godelar, N. Fremiot, Bingant, Guérard, J. Chardon,
J. Lalouette, Vanfalens, Pillement, Cissongue, Godelart fils, Charles
Dutour, L. Mettra. (Registres de S.-Merry.)

XXIX.

Le mercredy vingt-deuxiesme jour du mois de septembre (1725), après
la publication d'un ban en la paroisse Saint-Mederic, et en cette paroisse
le douze du présent mois, dispense de la publication des deux autres accordée par Son Eminence le cardinal de Noailles, archevesque de Paris, en
datte du treize, insinuée le quinze du susdit mois au greffe des insinuations ecclésiastiques de ce diocèze, et après la célébration des fiançailles,
furent épousez, après les solemnitez requises, Jean-Michel Papillon, graveur, bourgeois de Paris, âgé de vingt-cinq ans trois mois, fils de deffunt
Jean Papillon, aussi graveur, bourgeois de Paris, et de deffunte Marie-Madeleine Chevillon, ses père et mère, et damoiselle Charlotte-Madeleine-Thérèse Chauveau, âgée de dix-neuf ans trois mois, fille de défunt René Chauveau, sculpteur des bâtimens du roy, et de deffunte Catherine Cuucy, ses père et mère, tous deux libres de contracter, l'époux,
de cette paroisse originairement, demeurant rue Saint-Jacques, et l'épouse,
aussi de fait de cette paroisse, demeurante rue de Petit-Pont depuis quatre
ans, et de droict de la paroisse S.-Mederic, comme nous l'ont certifié les
témoins cy-après. Signé, de part et d'autre, en présence, du côté de l'époux, de Jean-Nicolas Papillon, marchand grainier, son oncle paternel,
demeurant grande rue Taranne, paroisse Saint-Sulpice, et de Nicolas
Thoyer, maistre et marchand cartier et papetier, son cousin maternel, demeurant Vieille rue du Temple, paroisse S.-Gervais; et, du côté de l'é-

---

1. L'acte de leur mariage se trouve sur S.-Merry, au 1er juin 1696; Nicolas Fremiot
y est indiqué comme « bourgeois de Paris, fils de deffunt Mamès Fremiot, tailleur de
» pierres, et de Nicole Hutinel. » Parmi les témoins du côté de l'époux figure « Fran-
» çois Aubray, architecte, amy. »

pouse, en présence et du consentement de René-Bonaventure Chauveau,
juré expert du roy, son frère et son tuteur, demeurant rue Saint–Martin,
paroisse Saint-Mederic; de Charles-François Guérard, marchand, bourgeois de Paris, son beau-frère, demeurant rue de Petit-Pont, de cette paroisse; et de Jacques Chardon, imprimeur-libraire, aussy beau-frère, demeurant susditte rue de Petit-Pont, de cette paroisse, et autres parents
et amis. — *Signé* Chauveau, Papillon, Papillon, Thoyer, ..., Guérard,
Chauveau, J. Chardon, Maurry, Estourneau, Van Falens, Morel, N. Fremiot, Ma. Papillon, M. Chauveau, M. Chauveau, M. O. Fremiot, M. D.
Cuucy, M. F. Slodtz, M. F. Rouelle, François Mauroy, Homo (prêtre). —
(Registres de S.-Severin.)

XXX.

(En marge : Evrard Chauveau; 14 prestres.)—Le mesme jour (mardy 24
mars 1739), fut enterré dans le cimetière Evrard Chauveau, M^e peintre,
veuf de Marguerite Villoirs, mort le jour précédent, âgé d'environ soixante
et dix-huit ans. Pris rue de Bievre, en présence des soussignés : Chauveau, R.-B. Chauveau, Fourzé. — (Registres de S.-Etienne-du-Mont.)

XXXI.

Le mesme jour (8 mars 1741), Marie-Madeleine, fille de Jean-Michel
Papillon, graveur, décédée d'hier, rue Saint-Jacques, de cette paroisse,
âgée de huit ans, a esté inhumée dans le cimetière de cette église, en présence de René-Bonaventure Chauveau, architecte, juré expert des bâtiments, son oncle, et de Charles–François Guérard, marchand mercier,
aussi son oncle. — *Signé* Guérard, Chauveau. (Registres de S. Severin.)

XXXII

Le dimanche 10 septembre (1741), Charlotte–Magdelaine-Thérèse Chau·
veau, épouse de Jean-Michel Papillon, graveur, décédée le huit du présent, rue S.-Jacques, de cette paroisse, âgée de trente-sept ans ou environ, a esté inhumée dans le cimetière de cette église, en présence de
René–Bonaventure Chauveau, architecte, juré-expert des bâtiments, son
frère; Toussaint Bingant, marchant orfèvre; Charles-François Guérard,
marchand, bourgeois de Paris; et Jacques Chardon, imprimeur–librai-
re, ses beaux-frères. — *Signé* Chauveau, Bingant, Guérard, Chardon.
(Registres de S.-Severin.)

(En voyant Papillon, dans son *Histoire de la gravure en bois*, I, 532, indiquer comme son élève un Pierre-Joseph Chauveau, nous pouvions croire
qu'il étoit parent de sa femme. La qualité de Jacques, père de ce Pierre-

Joseph, dont parle Papillon, I, 337, 535, comme d'un graveur de papiers peints, n'étoit pas une raison de ne pas le croire de la famille, bien que Papillon ne le mentionne pas comme tel. Mais des actes relatifs à des enfants de ce Jacques Chauveau, graveur en bois, et de sa femme Anne Lefebvre, que nous avons rencontrés dans les registres de S.-Severin (novembre 1723, janvier 1726), nous ont ôté tous les doutes qu'on pourroit conserver à cet égard. En n'y voyant figurer comme témoins que des noms entièrement nouveaux, et surtout des noms de compagnons et de maîtres cordonniers, on en peut conclure certainement qu'il n'étoit pas de la famille. — Dans la liste de l'Académie des Maîtres, en octobre 1682, on trouve un Claude Chauveau, peintre, reçu le 11 juillet de la même année. Nous ne savons s'il est de la famille des nôtres.)